JN061213

ナチス第三帝国への
キリスト教的抵抗

カトリックとプロテスタント

ハンス・マイアー［著］　河島幸夫［編訳］

いのちのことば社

Hans Maier

Christlicher Widerstand im Dritten Reich
Katholische Akademie Hamburg 1994

まえがき

　本書は、ハンス・マイアーの講演「ナチス第三帝国へのキリスト教的抵抗」と編訳者の小論文「ドイツ教会闘争史」からなっています。前者の講演部分は大きな全三章から成り立っていて、原書の各章は細かな節には分かれていなかったのですが、日本の読者にとってわかりやすいように、第1章と第2章は数節ずつに分けて小見出しを付けました。

　〈ナチズムに対するキリスト教会の順応と抵抗〉はふつう〈ドイツ教会闘争〉と呼ばれていますが、それを扱った日本の書物は、従来ほとんどプロテスタント教会のみを対象としていました。それに対して本書はプロテスタントとカトリックの両キリスト教会の順応と抵抗を共に解説しています。

　本書はもともとマイアー講演だけを翻訳して刊行するという計画でした。しかしその内容をあらためて読み直しますと、この講演がドイツの市民たちを聴衆とする教養講座であることから、そこには私たち日本人にとってかなり縁遠い用語や表現がけっこうたくさん含まれていることに気づきました。

　そこで日本の読者の理解を助けるために、一念発起して、プロテスタントの編訳者が書き上げたのが、小論文の「ドイツ教会闘争史」です。これは、ナチス・ドイツ支配下のカトリックの教会闘争とプロテスタントの教会闘争を、年代記風に概観したものです。

　ハンス・マイアーはカトリック信徒で、まことに卓越した社会科学者ですが、やはり若干のうっかりミスがその講演と原注の中に見受けられましたので、それらは訂正しました（たとえば、人名ゲルトルート・ルックナー Gertrud Luckner は、原書ではゲアハルト・ルックナー Gerhard Luckner と誤記されている）。また、文章内の〔　〕は編訳者が補助説明として加えたものです。

　このささやかな小冊子がカトリックとプロテスタントの方々だけでな

3

く、ナチズムとキリスト教の関わりについて興味をお持ちの皆様に、広く読まれることを願っています。また、お読みくださった感想やコメントは、誤訳や誤記の指摘も含めて、遠慮なく本書の出版社を通して編訳者にお届けいただければ幸いです。

河島幸夫

目　　次

表紙絵＝藤本四郎

装　丁＝長尾契子

ナチス第三帝国へのキリスト教的抵抗

ハンス・マイアー

は じ め に

　ナチス第三帝国[訳注1]における《ヒトラーに対する抵抗》(Der Widerstand gegen Hitler) は、統一的な運動として行われたわけではありません。それは、様々なきっかけから展開され、多様なグループによって担われ、様々な時期に、様々な形で出現しました。その形態は、〔ナチス体制に順応しない〕非画一的行動 (Nonkonformität) や拒否 (Verweigerung) から始まって、抗議 (Protest)、反乱 (Revellion) および――極端な場合には――陰謀 (Verschwörung) や暗殺 (Attentat) に至るまで、広範なスケールを動いていました[1]。そしてまた、抵抗の形態が多様に形成されたように、その動機や理由もまた多様でした。すなわち、抵抗に加わった男女は、自らの行為をめぐって政治的・法律的な議論も道徳的・宗教的な議論も行ったのです。抵抗集団に加わった人々の議論は、日常政治の検討から憲法や国際法、倫理の問題にまで広がりました。そこには、ある体制がどのような時に暴君制に移行するのか、どのような状況において抵抗が許され、求められるのか、そして極限の場合には暴君を殺してもよいのか、あるいは暴君を殺さなければならないのか、という問題も含まれていました。

〔訳注 1〕　**第三帝国** (Das Dritte Reich)　神聖ローマ帝国 (962-1806) を第一帝国と名づけ、ビスマルク首相・ヴィルヘルム皇帝の時代を第二帝国ないし第二帝政 (1871-1918) と呼ぶと、ナチス・ドイツは第三帝国 (1933-1945) ということになる。これはナチス時代に広まった呼称である。

アドルフ・ヒトラー
（1889-1945）
〔ドイツ占領下ポーランド総督領 1941年発行の切手〕

それではキリスト教的なエネルギーやキリスト教的伝統と姿勢は、どのようにナチズム（Nationalsozialismus; Nazism）に対する抵抗に参与したのでしょうか。また、それらはどのような仕方で発揮され、伴われ、正当化され、強化され——あるいはまた問題とされ、妨げられ、ためらわれたのでしょうか。こうした問題は近年ますます論議されるようになり、それはやがて研究の周辺的な地位から中心的な地位を占めるまでに変化しました。ハインツ・ヒュルテン、クラウス・ショルダー、ペーター・シュタインバッハ、ゲアハルト・ベジーア、クルト・マイアーなどの研究者たちは、キリスト教会の、抵抗への関わりを重視してきました。[(2)]ベアーテ・ルーム・フォン・オッペンやクレメンス・フォン・クレンペラーらの作家たちは、抵抗に加わった個々のキリスト者の動機や、抵抗における《信仰心》（Frömmigkeit）について問題を提起しました。[(3)]研究者のペーター・ホフマンは、抵抗運動の行為を、全体として、特に戦争末期における外交面・内政面での絶望的状況の中での《自己犠牲》（Selbstopfer）と特徴づけました。[(4)]こうした解釈は芸術作品の中にも見られます。たとえば、ウドー・ツィマーマンの歌劇の舞台「白バラ」（Weiße Rose）は、ショル兄妹〔ミュンヘン大学生〕とその友人たちが歩んだ道を、イエスに従って生き抜いたキリスト教的犠牲の歩みとして描いています。[〔訳注2〕]

〔訳注2〕《白バラ》（Weiße Rose）　1942-43年、ミュンヘン大学の学生を中心とする反ナチ抵抗運動。『白バラ』と題する多数のパンフレットを全国各地に配布して、ナチスの暴虐行為を弾劾し、ドイツの道徳的・民主的再建をアピールした。ガーレン司教によるナチス安楽死作戦弾劾説教も援用している。この運動のメンバーであるハンスおよびゾフィー・ショル兄妹と数名の学生、クルト・フーバー教授は1943年に民族裁判所の死刑判決を受けて処刑された。彼らの所属宗派は、プロテスタント、カトリック、東方正教会にまたがる。

　以下においては、ナチス第三帝国におけるキリスト教的抵抗の広範な情景から次のような三つの問題領域を選んでお話ししましょう。

1　ナチズムに対する、また抵抗という問題に対するキリスト教会の
　　態度
2　個々のキリスト者はどのようにして抵抗を決意したのか、そして
　　それは彼らの教会にとって何を意味したのか
3　キリスト教的抵抗の動機と根拠

1　キリスト教の両教会、ナチス第三帝国および抵抗

ナチズムへの対応形態

　ナチズムは、基本的には一つの大きな革命運動（revolutionäre Bewegung）でした。このことはいくら強調しても、しすぎることはありません。政治、報道界、青年組織、学校、大学など多くの面で、ナチズムはまったく新しい現象を展開しました。1933 年〔1 月 30 日〕以降、つまりヒトラーの《政権掌握》以降、そして国会の立法権を行政府の内閣に委譲する全権委任法の成立〔同年 3 月〕以降になると、もう何者も対抗しえないほどナチズムは非常に強大なものに思われました。

　勝利したナチス運動に対しては、原理的には三つの行動様式のみが可能でした。すなわち、参加（Mitmachen）か、反対（Dagegensein）か、引退ないし引きこもり（Sich-Zurückziehen）かです。まず、ナチス運動に参加した者は、《途中下車》することはもうほぼ不可能でした。その人はナチス運動と密着し、その栄枯盛衰と運命を共にすることになりました。大波の中に沈み、自己決定権もアイデンティティも失いました。これに対して、ナチス運動と対立した者は、身体と生命を危険にさらすことになります。なぜなら、どの全体主義にも見られるように、ナチズムの支配するところでは、正当な反対派の存在が許容されるような余地はなかったからです。したがって、いかに小さな批判でも抵抗とみなされ、それに応じて迫害と処罰が加えられたのです。第三の可能性、

つまり引退の可能性は、理論的にのみ存在しました。ナチズムから身を引いて、《国内亡命》（innere Emigration）をしたいと思う者は、全生活領域を貫徹する政治化の要求と衝突することになります。この政治化という現象に囲まれてしまえば、自分の中に引きこもること、つまり社会的な離島に移り住むことなどは、ほとんど不可能だったからです。[5]

　キリスト教の両教会は、ナチス第三帝国のもとで上記の三種類の危険性のどれにも直面しました。すなわち、一つは、教会としてのアイデンティティを失ってナチス体制に加担するという危険性、二つ目は、教会闘争においてナチズムと対立して教会を抹殺されてしまうという危険性、そして三つ目は、プライベートな領域（陸の孤島）、つまり空想の世界でのみ自由な教会だけの聖域へ引きこもるという危険性です。

　この全体主義国家による攻撃に対して、キリスト教の両教会は実に様々な仕方で対応しました。その場合、プロテスタントとカトリックとの間の教会組織の相違、神学の相違、職務理解の相違が、両者の対応形態に影響を及ぼしました。また、より大きくは、ドイツにおけるプロテスタンティズムとカトリシズムとの歴史的非同時性、すなわち歴史の中での政治や社会に対する関わり方の違いが、両者の行動様式に影響を及ぼしたのです。

ドイツ・プロテスタンティズムと政治——歴史的背景

　ドイツのプロテスタンティズムを特徴づけるのは、長い時代にわたる国家との緊密な関係です。すなわち、宗教改革によって生まれたプロテスタントの領邦国家は、クルト・フォン・ラウマーの言葉によれば、「教会によって豊かに祝福された」国家でさえありました。そこでは宗教は国家の中に織り込まれ、キリスト教的な職務理念、宗教的な支配理解、統治者たちの厳格な義務感が公共生活を特徴づけます。それゆえ、ドイツにおけるプロテスタントの思想では——アングロサクソン諸国の場合と異なり——国家と教会の分離、つまり政教分離ではなく、教会は国家に寄り添って歩んできました。[6] こうしたプロテスタンティズムの国家との密接な関係は、第二帝政の時代〔1871–1918 年。ビスマルク首

相・ヴィルヘルム皇帝の時代〕においても維持されました。否、まさに
それは、国家がローマ・カトリック教会を弾圧するという文化闘争[訳注3]の中
で、あらためて再確認されていったのです。

　それだけに、第一次世界大戦に敗北した 1918/19 年における君主制
の崩壊は、プロテスタント教会にとって苛酷なものでした。すなわち、
領邦君主が教会の首長を兼ねる最高監督制（Summepiskopat. 領邦教
会制 Landeskirchentum ともいう）のプロテスタンティズムは、君主
制の崩壊によって、同時に、自己の公的・政治的代表の中核である君主
を失ったのです。それに代わる同等のものを見いだすことは、プロテス
タンティズムにとってヴァイマル共和国〔1918-1933 年のドイツ〕の
時代には不可能でした。

ドイツ・カトリシズムと政治──歴史的背景

　ドイツのカトリシズムは、プロテスタンティズムと異なる展開を示し
ました。19 世紀の後半にドイツの国家が、プロテスタントを多数派と
する国民国家、国民自由党的な国家[訳注4]、文化自由主義的な国家という色彩
を濃くするにつれて、それと同じ度合いでカトリシズムは、ますます国
家から離れていきました。(7) そして、それと共に少数派としての自己防衛
的な姿勢から抜け出して、いっそう民主主義の方向へ、またカトリック
系の団体、結社、政党などの自由な自己組織の形成という方向へ進みま
した。こうして社会的カトリシズム〔労働・福祉・女性・青少年などの

〔訳注3〕　**文化闘争**（Kulturkampf）　1870 年代にカトリシズムによる国家の不
安定化を危惧したビスマルク首相が主として最大のプロイセン州で進めたカトリ
ック教会や修道会への弾圧政策。説教壇からの政治的発言の禁止、イエズス会の
国外追放などを進めたが、カトリック側も抵抗を強め、ビスマルクはやがて弾圧
を終息させ、矛先を社会主義者への弾圧に転じた。
〔訳注4〕　**国民自由党**（Nationalliberale Partei）　19 世紀後半から 20 世紀は
じめの有産市民・教養市民層の自由主義政党。カトリック教会を弾圧するビスマ
ルク首相の文化闘争を支持した。

団体〕と政治的カトリシズム〔1870年結成の中央党〕が、ヒエラルヒー（階層）的な教会を支援する有効な組織として登場したのです。

〔第一次世界大戦後の1918年末に〕ドイツが君主制からヴァイマル共和制に移行したときには、カトリシズムはプロテスタンティズムよりも容易にその状況変化に適応することができました。公共世界におけるドイツ・カトリシズムの三形態である教皇・司教・中央党は、〔君主制の崩壊によって〕脅かされることはなかったのです。確かにヴァイマル共和国においても、カトリック教徒は総人口のやっと３分の１を占めたにすぎませんが、内面的に共和国に信頼を寄せるようになりました。新しい民主制の官憲との間には条約の締結という合意形成の道が敷かれることになりました。すなわち、1920年代にはバイエルン、バーデン、プロイセンという各州と教皇庁の間にそれぞれ政教条約が結ばれたのです。

キリスト教の両教会の状態と教会的抵抗の可能性とを考察しようとする場合には、以上のような出発点を押さえておく必要があるでしょう。

プロテスタントの教会闘争

プロテスタンティズムにとっては、〔ヴァイマル共和制の中で〕教会と国家の関係が不確かなものとなり、同時に教会が自己の内面的形態を模索していたときに、ナチスの革命と直面することになりました。教会自身の組織問題と、こうした政治情勢の中での教会のあり方という難題とがあいまって、プロテスタント教会の不安定性が大きくなったのです。

こうした状況の中から、不確かになった自らの形態を民族主義的な政治運動と提携して新たに強化し、形成し直そうという誘惑、より端的に

〔訳注5〕 **中央党**（Zentrumspartei）　1870年にドイツ内の少数派であるカトリック教会の利益を守るため結成された宗派政党。ドイツの中央集権化にも反対し、地方分権の維持を主張した。

〔訳注6〕 **政教条約**（Konkordat）　ここではドイツ国内の州とローマ教皇庁との条約を指すが、ふつうは国家とローマ教皇庁との外交条約を指し、カトリック教会の権利・義務などを規定している。

表現すれば、教会を民族派の運動によって補強しようという誘惑が大きくなっていきました。まさにそれが、ドイツ福音主義（プロテスタント）教会にとっては、《ドイツ的キリスト者》[訳注7]の運動という形で生じたのです。[(8)]

　ドイツ的キリスト者の運動は、1933 年、ほとんどの地域の教会選挙において多数派を占めるようになります。その結果、彼らは旧来の教会指導部を追い出してしまいました。そうした追い出しに成功しなかったのは、ミュンヘン〔バイエルン州〕のハンス・マイザー監督、シュトゥットガルト〔ヴュルテンベルク州〕のテオフィール・ヴルム監督、ハノーヴァー地区のアウグスト・マラーレンス監督[訳注8]という 3 人の教会監督が指導する〔ルター派の〕領邦教会だけでした。この 3 人は〔ナチス時代の最後まで〕教会監督の職務にとどまりました。すなわち、ミュンヘン、シュトゥットガルト、ハノーヴァーでは旧来の教会指導部が存続したのです。これらは〔ドイツ的キリスト者によって乗っ取られなかったので〕《無傷の教会》(intakte Kirche) と呼ばれました。

　それ以外の大きな領邦教会では分裂が生じることになります。というのは、《ドイツ的キリスト者》の領邦教会監督に対抗して、〔告白教会[訳注9]

〔訳注7〕　**ドイツ的キリスト者**（Deutsche Christen = DC）　1930 年ごろから登場したナチス的プロテスタントの集団で、ナチ党綱領第 24 条にある《積極的キリスト教》にあやかり、受難のイエス像に代わる英雄的イエス像、ユダヤ人や旧約聖書の排斥、民族主義的ルター像、ナチズムとキリスト教の一致を宣伝した。ヒトラーによる応援を得て教会選挙に大勝したが、告白教会による反対や抵抗に遭遇した。
〔訳注8〕　**教会監督**（Bischof）　一定地域のプロテスタント教会組織の長で、総教区長と称する地域もある。ドイツ全体ではナチス政権からの圧力によって帝国教会監督（Reichsbishof）が新設された。
〔訳注9〕　**告白教会**（Bekennende Kirche = BK）　ドイツ的キリスト者の支配する教会の正当性・合法性を否定し、それに対抗するために、真の信仰告白を奉ずる教会として 1934 年初めに結成された。ナチス国家や戦争には反対しなかったが、ナチスの教会弾圧や人権侵害を批判したため、多くの牧師や信徒が投獄されたり、強制収容所に送られたりした。

によって〕自由な兄弟評議会（Bruderrat）という指導部が形成された
からです。それらの教会は〔ドイツ的キリスト者によって乗っ取られた
ので〕《破壊された教会》(zerstörte Kirche) と呼ばれました。

　〔もともとプロテスタント教会では〕牧師や教区の信徒たちが〔教会
選挙による教会会議 Synode で〕どのような教会統治のもとに生きる
のかを決めることができましたので、今や、教会は一つの統一的な声で
語ることができなくなりました。すなわち、まずドイツ的キリスト者の
教会監督たちの教会があり、次にそれと並んで、順応と抵抗との中間の
穏健路線を進む《無傷の教会》が存在し、第三に《告白教会》
(Bekennende Kirche) が《破壊された教会》の地域〔プロイセン州な
ど〕において、より強力に拒否、反抗、抵抗を推し進めました。〔ただ
し、《無傷の教会》であるルター派の領邦教会も、組織的には告白教会
から離脱しなかったのですが。〕

カトリックの教会闘争

　プロテスタントの地域では、ナチズムは教会の両極分解、つまりドイ
ツ的キリスト者の教会と告白共同体の教会〔告白教会〕との並存という
教会分裂を引き起こしました。これに対してカトリック教会においては、
初めのうち、ナチス革命に対して教会の自律性と行動の自由とを比較的
によく維持することに成功したように思われます。ここでは組織上の問
題は存在しなかったし、ナチス運動へのカトリック選挙民の感染度は、
最後の数回の国会総選挙の結果が示すように、ごく小さかったのです。[9]
教皇と司教を中心とする教会の階層的構造（ヒエラルヒー）は、〔政界
におけるカトリック系の〕民主的代表の喪失、つまり中央党〔とバイエ
ルン人民党〕[訳注10]の消滅や、公共世界からの信徒使徒職の排除を補うのに十[訳注11]
分なほど、強力で堅固であるように見えました。

　また、カトリック教会は、〔教皇庁＝ヴァチカンと〕ナチス・ドイツ
との政教条約という外交条約の手段によって教会の構造とアイデンティ
ティを維持しようと努め、全体主義的均制化（Gleichschaltung）に対
して教会の活動領域を守ろうと試みました。[10]すでに破壊されていた社会

14

的カトリシズムと政治的カトリシズムという防塁を、教会は放棄し、自らの中核領域、つまり職務と司牧という教会固有の中核領域へ後退したのです。

こうしてナチス第三帝国の全期間にわたって、教会の機能の維持と確保が司教たちの最も重要な関心事となりました。そこでの重点は教会の自己主張に置かれました。教会による抵抗は、特に内面的領域への侵害に抗して――もっぱらそれだけというわけではありませんが――展開されました。それは教会的な動機から生じたのであって、政治的な動機から生じたのではありません。ここでのカトリック教会の防衛線は、明らかにプロテスタントの《無傷の教会》の〔ルター派〕領邦教会監督たちの行動様式と似ていました。

両キリスト教会の抵抗における問題点

すべてを覆い尽くすように見えるナチス運動の洪水の中で、人々は自分自身の一片の存在、自分自身の統合性を救い守ろうと試みました。教会は《わび住まい》（réduit）となり、避難所、庇護地帯となり、よくいけば〔ナチス体制とは〕別の存在、非画一性の孤島となりました。人々は、すべてに充満する国家とそのイデオロギーとの均制化の圧力から逃れようと試みました。そのことは、全体主義的支配の要求に直面するとき、容易なことではありません。抵抗というものは、必ずしも大きな決断によってのみ始まるわけではなく、ささやかな非画一的行動、まだ均制化されていない領域や生活形態に固執することから始まります。教会堂の内部にヒトラーの肖像画を飾らず、マリアの絵やルターの言葉を掲げたりすれば、それはすでに一片の異議申し立てを意味しました。

〔訳注 10〕　**バイエルン人民党**（Bayerische Volkspartei）　ヴァイマル共和国期に中央党から分かれたバイエルン州だけの地域政党。中央党と協調したが、ときには独自の行動を選んだ。

〔訳注 11〕　**信徒使徒職**（Laienapostorat）　聖職者でない信徒が教会の宣教や奉仕に従事する形態。

ゾフィー・ショルとハンス・ショルの兄妹
《白バラ》の中心人物。1943年刑死

私自身、今、感謝の気持ちで思い出すのは、子どものころの説教師たち、宗教教師たちの証言であり、堅信式の主日ミサや、教会での青少年の集会です。どの学校、どの出版社、どの官庁でナチスが主導権を握っているか、逆にどこにナチスとは別の思考の《ニッチ》（窪み）があるのか、人々は早くからそれを知っていたのです。

《白バラ》〔学生抵抗運動〕のメンバーたちもまた、そうした孤島を発見していました。それは、軍隊の中や教会内のグループ、ミュンヘンの〔カトリック系〕雑誌『ホーホラント』（Hochland. 高地）のサークルや、ゾルンにある〔作家〕カール・ムートの書斎、ミュンヘン大学のクルト・フーバー教授〔哲学・民俗学〕の講義などです。《白バラ》のメンバーたちは、かつては、まさに均制化された青少年組織の中で、またいわゆる《国粋主義思想》（völkisches Denken）の中で育ったことがありました！　だからこそ彼らは、驚くべきことに、潜在的な別の思考の可能性、ナチスとは異なる精神の兵器庫がどこにあるかを察知することができたのです。けれどもそれは、〔ナチス体制という〕公共世界の状態に対する対抗重力として十分だったのでしょうか。苦しんでいる人々とともに世界に向かって真実をはっきりと訴えることをせず、静かな隠れ家の中でのみ真実を語り合うだけで十分だったのでしょうか。荒廃と暴虐の外界から目をそらして、信仰と道徳、教会内部の温室に安住するだけで十分だったのでしょうか。

　この問いかけは、戦争の時期になって先鋭化しました。やがてナチス体制は、周知のように、一切のためらいを捨て去って、精神病者・ユダヤ人・体制反対者への絶滅作戦へと突き進んでいきます。こうした状況

に直面して、かなりの人たちは、引退と静観の姿勢だけではもう十分でないと考えるようになりました。《白バラ》のパンフレットには、人々に行動を求める訴えが叫び声のように貫かれています。外界と内実との間の矛盾が苦痛の感情を呼び起こします。すなわち、一方では古き良き文化民族であるドイツ人が、他方では権力者たちの最も恥ずべき汚濁の泥沼に埋没し、その犯罪的指導部の後に意志なき群れのように服従しているのです。一方では真・善・美が文学・芸術・音楽に豊かに香り、他方では人間性が破壊され、人間の尊厳が踏みにじられています。一方には無傷のキリスト教的・市民的内面の世界があります。しかし他方では、それは外部の世界にどんな影響を及ぼしているというのでしょうか。《白バラ》のパンフレットの一つは、若者らしい預言者的響きで、実に深く真剣にキリスト者たちの証言を要請します。すなわち、

　「……最も深い苦難の時代には、いつでもどこでも、自由を保持した者、預言者、聖者が立ち上がり、唯一の神を指し示し、神の助けを得て民衆に回心を促した。人間はたとえ自由であろうとも、真の神なくしては、悪に対して無防備である。真の神なくしては、人間は舵なき船のように、嵐の中で遭難してしまう。そのような人間は母親なき乳児、霧散する雲のようなものである[11]」。

　こうした声は司教や教会指導部の耳に届かなかったわけではありません。ナチスの時代の初めから、このような声は存在していました。しかし司教や教会指導部は、すでに述べたように、教会自体の防衛と自己保存という基本線を積極的に打ち破ることができなかったのです。二つのキリスト教会のいずれも、そのとおりでした。
　ナチス第三帝国におけるキリスト教的抵抗は、全体としての教会の決起とはならず、むしろ個々のキリスト者たちの決起にとどまりました。確かに、多くの司教や教会指導者たちは彼ら自身の重要事項のために非常に勇敢に奮闘したし、さらには、もっと前進したいと思う者たちにも、しばしば援護の手を差し伸べたのですが[12]。

全体主義国家における抵抗は、歩きやすい踏みならされた道ではありません。抵抗に関わる者は、不確かで危険な旅に出かけることを覚悟しなければなりませんでした。彼らは、何百年もの長い間続いてきた教会の伝統——ローマ書13章[訳注12]や二王国説[訳注13]——に配慮しなければならなかっただけではありません。彼らにとって、国家に対する能動的闘争という極限状況に直面したときの指針を神学的伝統の中に見いだすことは、ほとんど不可能でもあったのです。[13]ドイツの歴史において人々は、あまりにも長い間、キリスト教的な良き官憲への敬虔な信頼に身をゆだねて生きてきました。それがどんな事態をもたらすことになるか、それが今や明らかとなりました。正当な支配が倒錯してしまい、不法国家、暴君たち、地底から這い出た怪獣になることがあるなどということは、予想もされていませんでした。それゆえ人々は、そうしたケースに対して防衛することなど考えもしなかったのです。確かにドイツには勇敢さ（Tapferkeit）を示す多くの人が存在しました。しかし、ディートリヒ・ボンヘッファーが嘆いたように、市民的勇気（Civilcourage）は少なかったのです。全体への奉仕という点では豊かでも、自由な責任と勇気ある自由な信仰的行動という点では貧しかったのです。[14]こうした精神風土

─────

〔訳注12〕　**ローマ書13章**　新共同訳聖書では「ローマの信徒への手紙」13：1-2に次のように記されている。「人は皆、上に立つ権威に従うべきです。神に由来しない権威はなく、今ある権威はすべて神によって立てられたものだからです。従って、権威に逆らう者は、神の定めに背くことになり、背く者は自分の身に裁きを招くでしょう」。この聖書解釈の歴史的変遷に関する綿密な研究書として、宮田光雄『国家と宗教——ローマ書十三章解釈史＝影響史の研究』岩波書店、2010年。
〔訳注13〕　**二王国説**（二王国論 Zwei-Reiche-Lehre）　世界をこの世の国とキリストの国とに分け、前者は国家と刑罰によって支配される政治や社会の領域、後者は愛と赦しの支配する信仰と教会の領域として峻別する考え方。これは、国家による宗教への介入を批判し、拒否する根拠になる一方で、国家の固有法則を尊重するあまり、その暴虐をも放置し、国家の悪い法令にも服従してしまうということになりかねない。

は、制度としての教会がなしうる抵抗にブレーキをかけただけではありません。それは、後述のような個々のキリスト者たちの自己責任を負う抵抗をも困難にしたのです。そこで以下では、いよいよ、この種類の抵抗について取り上げることにしましょう。

2　個々のキリスト者の抵抗

受動的・消極的抵抗から能動的・積極的抵抗へ

　ナチス第三帝国におけるキリスト教的抵抗が生じたきっかけは、多くの場合、ごく具体的な出来事でした。たとえば、ヒトラー・ユーゲント〔ナチス青少年団〕の野外競技は、教会のミサや礼拝が行われる時間に設定されていました。またナチ党の各支部は、シュラゲーター〔ナチスの英雄〕の追悼記念日には、教会堂に旗（ハーケンクロイツ＝鉤十字）の掲揚を命じました。司牧書簡（教書）の配布は禁止されました。学校から十字架を撤去するように命令が発せられました。ところが、こうしたナチス側の企てがすんなりとは受け入れられず、回避されたり、サボられたり、妨害されたりしました。そうであれば、そこにはすでに単純な形での受動的・消極的抵抗を見いだすことができます。この種の抵抗はかなり広まっていました。キリスト教会に関するナチス保安本部やゲシュタポ（秘密警察）の報告書を読むと、ナチス政権がこの種の抵抗を深刻に受けとめ、恐れてさえいたことがわかります。有名なウルリヒ・フォン・ヘールの統計によれば、カトリック教会の場合には全聖職者の３分の１がナチス政権と衝突していました。それは、戒告や処罰から訴追、勾留、強制収容所送りまで広がっています。そして、告白教会の場合にも衝突の件数は多かったのです。教会闘争において国家はあらゆる抑圧手段を投入しました。教会の周辺では、半合法的に、あるいは地下において、一連の集団、つまり青少年グループ、キリスト教系の学者たち、元キリスト教労働組合の人々、キリスト教系の政治家たちが活動していました。

　こうした受動的・消極的抵抗を超えるもの〔つまり能動的・積極的抵

クレーメンス・アウグスト・
フォン・ガーレン司教
（1878-1946）
〔ドイツ 1996年発行の切手〕

抗〕としては、若干の司教・教会監督や牧師・司祭たちがナチス体制の諸命令に対して原則的で明白な根拠に基づく抵抗を示した事例をあげることができます。たとえばプロテスタントのマルティン・ニーメラー牧師やテオフィール・ヴルム監督であり、カトリックのミヒャエル・フォン・ファウルハーバー大司教やクレーメンス・アウグスト・フォン・ガーレン司教の場合です。最後にあげたミュンスターのガーレン司教は、1941年の夏、〔聖ランベルティ教会における〕有名な一連の説教の中で精神病者の殺害〔安楽死作戦〕を非難し、告発しました。これはおそらく最もセンセーショナルで、しかも最も功を奏した実例でしょう。そこには明確に人権（Menschenrechte）思想の核心が盛り込まれていましたが、この抗議はそれでもやはり教会の中で行われたものです。しかし、この枠を乗り越えた抵抗のケースもありました。すなわちこの関連では、たとえばユダヤ人のための教会関係の救援活動を展開した〔プロテスタントの〕グリューバー事務所（Büro Grüber）や、あるいはフライブルクのゲルトルート・ルックナー〔Gertrud Luckner　カトリック系の福祉事業カリタスの女性スタッフ。原書の Gerhard はまちがい〕の活動をあげることができます。これらの活動は、個々のキリスト者が教会官庁や教会に近い組織と協力したという点で、興味深いものです。

　教会関係者が、自由意思であるにせよ、そうでないにせよ、ナチ体制転覆計画の関知者になることもありえました。たとえば、〔プロテスタ

〔訳注14〕　**キリスト教労働組合**（Christliche Gewerkschaften）　1890年代からヴァイマル共和国期に活動した全国的なカトリック・キリスト教系の労働組合。社会民主党系の自由労働組合、自由主義系のヒルシュ・ドゥンカー労働組合に次いで三番目の組合員数を誇る。

ント教会の〕オットー・ディベリウス〔クールマルク総教区長〕やハンス・アスムッセン〔ハンブルク・アルトナの牧師〕、〔カトリック教会の〕コンラート・フォン・プライジング〔ベルリンの司教〕らです。カトリックの聖職者が告解〔罪の告白とゆるしの秘跡〕の席でそのことを知る場合もありました。そこには受動的関知から積極的共犯関係に至る広がりが見られます。

　自覚的に、そして熟慮して能動的・積極的な政治的抵抗に踏み込んだのは、二つの集団のみです。すなわち、その一つは《ナチス以後の日》のために〔将来〕計画を練った集団です（彼ら自身は転覆行動を実行することはしませんでしたが）。もう一つは、能動的な陰謀家たちの中に数えられる人たちの集団です。

クライザウ団

　第一の集団の中では、有名な元帥の甥の孫ヘルムート・ジェームズ・フォン・モルトケ伯〔弁護士〕を中心とする《クライザウ団》(Kreisauer Kreis) が主要な位置を占めています。[18] そこには、東エルベの若い貴族たちだけでなく、カルロ・ミーレンドルフ〔社会民主党の政治家〕、テオドール・ハウバッハ〔ジャーナリスト、社会民主党員〕、アドルフ・ライヒヴァイン〔教育学者〕、ユリウス・レーバー〔社会民主党の政治家〕のような社会主義者たちも含まれていました。これらの両翼〔若い貴族たちと社会主義者たち〕を結びつけたのは宗教的な絆です。その絆は、カトリック側ではミュンヘンのイエズス会士アルフレート・デルプ、ロタール・ケーニヒおよび修道会管区長アウグスティン・レッシュによって、またプロテスタント側では告白教会の会員であるハラルト・ペルヒャウ（テーゲル刑務所の教誨師）、オイゲン・ゲルステンマイアー〔教会官僚〕によって代表されました。

　クライザウ団は、もっぱらヒトラーの時代以降の将来構想を集中的に協議していました。このグループは陰謀活動や一揆計画からは距離を置いています。モルトケの見解では、ナチスの暴虐と侵略戦争という惨禍は最後まで行き着くほかはない、性急な〔反乱〕行動は新たな匕首伝説

ヘルムート・ジェームズ・
フォン・モルトケ
(1907-1945)
クライザウ団の中心人物
1945 年刑死

〔敗戦は国内の裏切りによるとする見方〕を生み出してしまうだろうというわけです。クライザウ団の中ではドイツ再建のために二つの基本的前提条件が考えられていました。一つは自由を尊重する労働者層の重要性、もう一つはキリスト教の革新です。クライザウ団の教育構想においては《再キリスト教化》(Rechristianisierung) が一つの重要なキーワードとなっています。のちにモルトケとデルプが裁かれた裁判の場では、まさにそれ〔ナチス以後のドイツを教育によってキリスト教的に再建するという構想〕が主要な起訴理由の一つとなりました。ナチスの民族裁判所の長官ローラント・フライスラーは法廷で次のように述べています。

「ただ一つの点で我々〔ナチズム〕とキリスト教は同じだ。それは、両者とも人間全体を要求するという点である[19]」。

モルトケは、クライザウ団の他のメンバーと同様、ナチズムに直面することによってはじめて、決定的にキリスト教的姿勢をとるようになりました。1942 年 2 月、彼はストックホルムから英国の友人リオネール・カーティスに次のように書き送っています。

「戦争が始まる前には、自分は神への信仰など本質的なものではない、と考えていました。……しかし今、私はまちがっていた、全くまちがっていたことがわかりました。ご存じのように私は初めからナチスと闘ってきました。そして今日も、おそらく明日も我々に求められているリスクと犠牲の覚悟との度合いは、良き倫理的原則を超えたものを前提としているのです……[20]」。

これと類似の表現はクライザウ団の他のメンバーたちにも見られます。そのひとりテオドール・ハウバッハはプロテスタント教会に入信し、他のメンバーたちは勾留中に、あるいは迫害に直面してキリスト教に転じました。

モルトケと同じように、ミュンヘンのイエズス会士アウグスティン・レッシュ、ロタール・ケーニヒおよびアルフレート・デルプ〔Alfred Delp〕も、直接的な政治行動という行き方を拒否しました。1942年秋、クライザウ団の第2回会合の準備段階で、モルトケ伯に宛てた彼らの覚え書の中には、次のように記されています。

アルフレート・デルプ神父
（1907-1945）
イエズス会士　クライザ
ウ団メンバー
1945年刑死

　「教会の意義と目的は政治ではなく、政治的なものでもない。現世における教会の任務は、神の賛美、人間への超自然的な救済の仲介、神によって設けられた生の秩序への配慮である。教会が、もし直接的政治行動に移ろうとすれば、危険な仕方で自らの限界を踏み越えてしまうことになるだろう」。とはいえ、正しい生の秩序には、被造物の《自然法》[訳注15]も含まれている。正しい生の秩序には、《自然法》、すなわち諸個人と自然的共同体との前国家的諸権利、国家の自律的および根源的な法と権限が含まれるのである。「こんにち現存している〔ナチス〕国家秩序は《自然法》を破っているから、《自然法》への教会の賛同は、すべて直接の政治的帰結をも伴うことになる」。教会の任務

〔訳注15〕　**自然法**（ius nativum; Naturrecht）　実定法（国家の定めた法規や慣習法など）に優位する法が神の意志や理性に基づく自然法として存在するいう考え方を自然法思想という。実定法至上主義を採る法実証主義が、「悪法も法なり」として、ナチスの不法国家による暴虐を批判できなかった反省から、戦後のドイツでは自然法思想が再生した。

とは、時代にふさわしい生の秩序を《自然法》に基づいて創造するために協力する能力と意欲とを持つ教会員たちを励ますことである。「こうして獲得された秩序像を現実に妥当する政治秩序として実現することが、真の洞察によって行動する政治的人間の任務である[21]」。

　これが実際には困難な、否、ほとんど不可能な企てであるということについて、特にデルプは何の幻想も抱いていませんでした。その２年後に彼は獄中で次のように書いています。

　「こんにちの歴史の時間の中で、直接的に宗教的なすべての努力は持続的な実りをもたらさないものだと、私は考えている。人間が殴られて血を流し、略奪されて道端に横たわっている。その人間にとっては、自分を受け入れ、世話してくれる人こそ、最も近い隣人であり、最も権限を持つ人である。自分にはそんな権限がない、と言って、《聖なる公務》を口実にして通り過ぎる人は、隣人でも何でもない[22]」。〔ルカ 10：30-35、善きサマリア人のたとえ話〕

　よりラディカルにデルプは〔善きサマリア人のたとえ話と〕同じ連関で、現代人の神への無能力を語っています。すなわち、現代の人間は事実として「神無し」であるだけではない。現代人は「神に向かうことができない生の組織の中に陥っている」。「道端には、略奪された人間が今も常に横たわっている。旅人はその人を再び見捨てるのであろうか[23]」。

陰謀グループの中のキリスト者——ディートリヒ・ボンヘッファー

　こうしたデルプの思想をへて、我々はもうひとりの神学者に到達します。その神学者こそは、キリスト教的抵抗の証人たちの中で、おそらく最も徹底的に現代世界におけるキリスト教の使信のあり方と対決した人物、ディートリヒ・ボンヘッファー〔Dietrich Bonhoeffer〕です。彼とともに我々は能動的抵抗のいっそう小さく緊密なグループの中に入っていくことになります。このグループでは、合法的な反対行動の企てと

いう道がすべて断たれた後で、抵抗は
陰謀（Verschwörung）という形を取
りました。

　ボンヘッファーは職業としてはプロ
テスタントの牧師・神学者であり、告
白教会の顧問でもありました。同時に
国防軍防諜部の秘密連絡員にもなりま
した。彼は抵抗運動の中で二重生活の
汚名を引き受け、伝記作者エーバーハ

ディートリヒ・ボンヘッファー
（1906-1945）
ドイツ国防軍防諜部秘密連絡員
1945 年刑死
〔ドイツ 1995 年発行の切手〕

ルト・ベートゲの言葉によれば、「命令・称賛・世論の支持」を最終的
には完全に断念したのです。

　政治的意義の点ではボンヘッファーの地位は、抵抗グループの中で
「高くは評価されえなかった。……だが、転覆行動の意義とその精神的
浸透という視点から見れば、やはり我々は、ボンヘッファーを最も中核
的な担い手たちの中に数え入れることができる」[24]。

　1942 年のクリスマス、ちょうど《白バラ》のグループがミュンヘン
や他の町で活動していたころ、ボンヘッファーは仲間のハンス・フォ
ン・ドーナニー〔法律家〕、ハンス・オスター〔国防軍防諜部将校〕お
よびベートゲ〔牧師〕に、「総括報告」（Rechenschaft）という文書を
届けました。その一部がベルリン・シャルロッテンブルクのマリーエン
ブルガー・アレー 43 番地の両親の家の屋根裏に保管されていました。
そこから少し引用してみましょう。

　導入部にあたる文章の一つには、「誰がしっかりと立つか」（Wer hält
stand?）という表題がつけられています。ここでボンヘッファーは幻
想にとらわれることなく、異常事態への伝統的アプローチ、すなわち理
性の道、原理・良心・義務・青年の純粋性という道、決断の自由という
道を批判します。むしろ彼にとって最後に残された道は、ただ神と結び
つく中での信仰、服従的・責任的行為への呼びかけだけでした。破壊さ
れた世界においては、古い方向定位という対応方式はもう通用しないの
です。

「悪の大仮装舞踏会は一切の倫理的概念をメチャクチャにしてしまった。悪が光と善行と歴史的必然性と社会的正義という形態をとって現れる。それは、我々旧来の伝統的な倫理的概念の世界から来た者たちにとっては、全くまぎらわしい。しかし、聖書によって生きるキリスト者にとっては、それはまさに、悪の計り知れぬ陰険さを確認させるものである[25]」。

　もう一つの章は「市民的勇気とは」（Civilcourage?）と題されています。ここでボンヘッファーは、ドイツ史とドイツ・プロテスタンティズムの歴史における一つの中心的要素、つまり《服従》（Gehorsam）を清算します。

　「我々は、過去数年間に多くの勇敢さと犠牲心とを見聞したけれども、市民的勇気はほとんどどこにも見いださなかった。我々自身の間でもそうだった。こういう欠陥の原因を個人的臆病さのせいにするのは、素朴すぎる心理学であろう。事の背景はまったく別のところにある。これまで我々ドイツ人は長い歴史の中で、服従というものの必然性と力とを学ばなければならなかった。……ドイツ人が服従と任務と天職とにおいて徹底的に勇敢さと命がけの献身とを示したことを、だれが否定しえよう。しかしドイツ人にとって自由（Freiheit）とは何だったのか。ドイツ人は、全体への奉仕の中で自己を我意から解放しようと努める中で、自らの自由を保持した。ルターからドイツ観念論[訳注16]哲学に至るまで、ドイツ以外のどこの世界で、これほど情熱的に自由

〔訳注16〕　**ドイツ観念論**（deutscher Idealismus）　18世紀末から19世紀初めにカント、フィヒテ、ヘーゲルを代表とする哲学思潮。内的自由を重視するあまり、外的・政治的自由を軽視し、反動的政治体制ないし絶対主義王制に順応し、それを賛美する傾向も強かった。ただし、カントは戦争と平和の問題に取り組んで、『永遠平和のために』を著し、国際連合の先駆けになるような平和創造の具体的提言を展開している。

というものが語られてきただろうか。天職（Beruf）と自由とはドイツ人にとって同じ事柄の二つの側面とみなされた。しかしドイツ人はそれによって世界を誤認してしまった。服従への覚悟、任務のための命がけの献身の覚悟が、悪のために誤用されることがあるということなど、ドイツ人にはまったく想定外だったのである。そのような事態が実際に起きてしまい、天職の遂行それ自身が問題をはらんだものとなるという事態が起きてしまった。そのとき、ドイツ人の一切の道徳概念は全く動揺してしまった。一つの決定的基本認識がドイツ人には欠如していることが、明らかとなった。それは、すなわち、ときには天職と任務とに抗してでも責任を負う行為の自由な信仰的遂行が不可欠であるという認識である。……ドイツ人は、こんにちようやく自由な責任（freie Verantwortung）とは何かに気づき始めた。この認識は次のような神に基礎を置く。その神とは、責任を伴う自由な信仰的遂行を要求し、それによって罪びととなる者にゆるしと慰めを約束してくださる神、である」⁽²⁶⁾。

ボンヘッファーは別の章で「苦悩（Leiden）について」語っている。

「人間による命令への服従の中で苦悩するほうが、最も自己固有の責任を伴う行為の中で苦悩するよりも、はるかに無限に容易である。共同体の中で苦しむほうが、孤独の中で苦しむよりも、はるかに無限に容易である。公共世界で名誉の中に苦しむほうが、離れたところで、はずかしめの中で苦しむよりも、はるかに無限に容易である。身体的生命をなげうって苦しむほうが、精神によって悩むよりも、はるかに無限に容易である。キリストは、自由の中で、孤独の中で、離れたところで、はずかしめの中で、体も心も苦悩された。だから彼以後、多くのキリスト者が彼と共に苦悩したのである」⁽²⁷⁾。

最後に、総括として最終章「我々はなおも必要とされているか」（Sind wir noch brauchbar?）が来る。

「我々は、悪業を見ても批判の声をあげず、沈黙する証人となった。世の荒波の中ですれっからしになってしまった。我々は歪曲の技術、多義的な弁舌の技術を学んだ。経験によって人間不信に陥り、真実と自由な言葉とを裏切った。我々は耐え難い衝突によって打ちひしがれ、あるいは、ときには冷笑的にさえなった。そんな我々がなおも必要とされているのか」[(28)]。

3 キリスト教的抵抗──動機と根拠

私は冒頭で、ヒトラーに対する抵抗は統一的な運動ではなかった、と述べました。この抵抗運動は、確かに、自分たちの行動の根拠に統一性を持とうとしませんでした。そこには体系的で明快な暴君放伐論[訳注17]も展開されませんでした。しばしば、昔の思考伝統に根拠が求められました。かなりの人たちが埋もれていた抵抗権の理論と暴君殺害の理論とを掘り起こそうとしました。また、〔ナチス崩壊後の〕新しい政治秩序の根拠として自然法の論拠が導入されました。その際、カトリック教徒はトマス主義[訳注18]の伝統を、プロテスタント信徒はルター主義[訳注19]、カルヴィニズム[訳注20]、あるいは啓蒙主義[訳注21]の伝統を想起しました。

国法学における法実証主義[訳注22]全盛の時代には、古い暴君〔殺害〕理論や

─────────

〔訳注17〕 **暴君放伐論**（Tyrannenmord; monarchomachi） 16 世紀の西欧で暴君に対する武力抵抗を正当化したプロテスタントとカトリックの政治思想家（W. バークリー、J. ノックス、G. ブキャナン、F. オットマンら）の教説。神の命令に背いた君主に人民は服従する義務を負わず、武力で抵抗して殺害してもよいと説いた。

〔訳注18〕 **トマス主義**（トミズム Thomism） 中世で最大の神学的哲学者トマス・アクィナス（1225-1274）の教説で、こんにちもカトリック教会の公定思想。彼は『神学大全』で法を三分類し、最上位に神の永久法、中位に神の与えた理性による自然法、最下位に人間の定めた実定法（人定法）を置いた。また『君主統治論』では、人間は世俗の権威に従わねばならないが、臣下は不正な権力者に服従する義務を持たないという。これは後世の抵抗権論の萌芽といえる。

抵抗権理論の残滓(ざんし)は、教科書や大学の授業から抹消されていました。[(29)] そ
の結果、抵抗を決意した人々は、ナチズムという途方もない現象に対し
て適切な哲学的・法律学的案内なしに相対しなければならなかったので
す。そこで彼らは、直接に最盛期中世のスコラ学[訳注23]や宗教改革の伝統に結
びつかざるをえませんでした。抵抗運動の内部では、法哲学的・神学的
思考のルネサンス（再生）が生じました。その場合、現代の暴君制が、
古典的理論のような、君主制原理の退廃現象としてはとらえられないこ

〔訳注 19〕　**ルター主義**（Luthertum）　ドイツの宗教改革者マルティン・ルター
（1483-1546）の神学、思想、伝統、教会（日本ではルーテル教会という）の全
体を指す。ルターによれば、臣下は神の戒めに背く不正な君主に従う義務はなく、
むしろ神に従うべきであるが、その手段はあくまで非暴力に限り、武力に訴えて
はならない。ただし、悪魔的なローマ教皇の暴虐には武力抵抗も許容されるとし
た。詳しくは、河島幸夫『政治と信仰の間で——ドイツ近現代史とキリスト教』
創言社、2005 年の「Ⅲ ルターにおける宗教と政治」を参照。
〔訳注 20〕　**カルヴィニズム**（Calvinism）　フランスの宗教改革者ジャン・カル
ヴァン（1509-1564）の著した『キリスト教綱要』によれば、統治者が神の戒
めに背く暴政を行った場合、その下位にある官吏が暴政を止めるように統治者に
強要すべきであるという。カルヴァンの後継者たちは抵抗の主体を次第に人民に
認めるようになった。またカルヴァン派は改革派と呼ばれ、信徒代表の長老役員
による教会組織の運営を進め、その教会会議制は政治における代議制の萌芽とな
った。
〔訳注 21〕　**啓蒙主義**（啓蒙思想 Aufklärung）　18 世紀の西欧で人間理性を絶対
視する視点から旧来の伝統や制度を厳しく批判し、人々の無知を目覚めさせよう
としたルソーらの思潮で、フランス革命の思想的淵源ともなった。
〔訳注 22〕　**法実証主義**（Rechtspositivismus）　実定法（国家の正式手続きを経
て制定された法規や慣習法）のみを有効な法とみなし、自然法を否定して、道徳
や宗教の規範としての意義を低評価する。ドイツではヴァイマル共和国時代に流
行したが、「悪法も法なり」としてナチズムの暴虐を放置することになった反省
から、戦後は、自然法の意義が再評価されるようになった。
〔訳注 23〕　**スコラ（哲）学**（Scholastik）　ラテン語でスコラの語源はギリシア
語のスコレー（ひま）。西欧の中世に大学や修道院で研究された神学・哲学を中
心とする学問研究で、キリスト教の教義を理性的に弁証することを重視した。

とは明らかです。ナチズムは大衆運動に基礎を置き、その成功期にはきわめて広範な大衆の支持を確保していましたから、そこには、《民主的暴君制》（demokratische Tyrannis）とでも呼べるような新形態が出現していたのです。それに対応して、従来の、支配権の不正な簒奪という特徴づけとは異なる、別の問題が前面に登場しました。すなわち、それは、正当な委託を受けた政治指導から個人的恣意への理解しがたい転落、憲法の空洞化と破壊、党と国家の同一化という現象です。

　たとえば、暴君（Tyrann）という言葉は、1944年7月20日事件〔ヒトラー暗殺未遂事件〕の陰謀家たちの間でよく使われた言葉です。それは、たいていの場合、アウグスティヌス、ルターあるいはカルヴァンにおける場合と同様の意味で、すなわち君主の内面的腐敗、ひとりの人間の倒錯現象を特徴づけるために用いられました。この暴君像は数多くのニュアンスを持っており、全く一様ではありませんでした。それは憲法秩序の反対像と呼ばれたり、あるいは――近代の発展の頂点として――道徳的拘束から解放された《権力の魔性》（Dämonie der Macht）と名づけられたりしました。そこには一つの終末論的な響きさえ吹き込まれることになります。特にルター主義的な《アノミア》（anomia）〔アノミー。無法状態、無規範的混沌状態〕という概念が具

〔訳注24〕　**1944年7月20日（ヒトラー暗殺未遂）事件**　ナチス支配下のドイツでは、たびたびヒトラーに対する暗殺未遂事件が発生したが、1944年7月の「ワルキューレ作戦」という名で起こされた国防軍の一部と民間人による最大・最後の反ナチス・クーデタ未遂事件。東プロイセンの国防軍作戦本部にクラウス・フォン・シュタウフェンベルク大佐によって密かに持ち込まれた時限爆弾でヒトラーは負傷したが、計画は失敗に終わり、グループのメンバー多数が処刑された。戦後のドイツでは彼らは真の英雄として尊敬されている。
〔訳注25〕　**アウグスティヌス**（Aurelius Augustinus 354-430）　古代末期最大のキリスト教の教父（学問的指導者）。異教からキリスト教に改心後、司祭を経て北アフリカ・ヒッポの司教。主著『神の国』を著して、戦争は人間の歴史に継続する悲惨な出来事であるが、侵略という悪行を罰するために正当化されるとした。

体的な国家状況に適用される場合が、そうです。

　抵抗運動に接近したカトリックの神学者たちの間では、トマス主義の出発点を補充して集団的な緊急防衛の権利を展開する傾向が生じました。これは、原理としては、すでに正義の戦争という古くからの正戦論の土台となっていたものでした。[訳注26]トマス・アクィナスにおいては、暴君に対抗するいかなる暴力的行動も、厳格に《公共の権威》（publica auctoritas）、つまり公式の委任に結びつけられています。単純な権力簒奪者の場合には、誰がその者を取り除いてもよいが、それはごく限られた場合です。この考えをさらに発展させるためには、現代の暴君が科学技術と大衆暗示という手段を用いて民衆への攻撃者となる可能性が途方もなく高まったということを考慮しなければなりませんでした。現代の全体主義的手段によって武装された国家に対抗する決起行動への委任もまた、沈黙のうちにのみ民衆のよりよい多数派によって与えられるのです。しかし、暴君体制の側が抵抗の公共的な兆しを弾圧するに十分な圧倒的パワーを持っている場合には、抵抗に伴う殉教の行為（Akt des Martyriums）も〔容易に鎮圧されてしまう結果〕、決して輝かしい感動的な力を発揮することができませんでした。

　そうした極限状況を熟慮して暴君殺害はどのようにして正当化されることになるのか、あるいは少なくとも許容されることになるのか、史料の上では不明確です。けれども、民族裁判所の審理についてのナチス親衛隊（SS）の詳細な報告は、注目に値します。それによれば、かつて

―――――
〔訳注26〕　**正戦論**（Lehre vom gerechten Krieg）　戦争は悪いものだが、良い戦争もありうるとして、正義の戦争を正当化する理論。様々な論者・形態があるが、カトリック、プロテスタント、東方正教会をはじめとするキリスト教の世界でもアウグスティヌスやトマス・アクィナス以来、この説が多数派である。その多くは正義の戦争が許容される前提要件として、他の平和的手段が尽くされること、侵略に対抗する自衛戦争であること、公的な手続きで開戦の決定がなされることなどをあげる。他方、自衛・侵略を問わず一切の戦争に反対する絶対平和主義は、クェーカー（キリスト友会、フレンド派）やメノナイトなどキリスト教世界でもごく少数派である。

ルートヴィヒ・フォン・レオンロート男爵がミュンヘンの教誨師ヘルマン・ヴェーアレ神父に「暴君殺害は罪（Sünde）ですか」と尋ねたことがありました。これに対して神父は熟慮の末、「否」と答えます。それでも神父は彼に、暗殺には参加しないようにと助言しました。ところがこのヴェーアレ神父は、のちに民族裁判所によって死刑の宣告を受けました。その判決理由のポイントは、注目すべきことに、神父は「暴君」がヒトラーを意味していると悟るべきだった、というところにあったのです。[32]

　プロテスタント、カトリックという両宗派の人々にとっては、ナチズムが教会を迫害しているという事実も、抵抗を義務づける動機となりました。実際、特にプロテスタントの人々にとっては、ここに反対行動へのきっかけがあったように思われます。人々の神への服従を妨げようとしているというのが、カルヴァンにとってはまさに暴君であるという判定基準でした。〔ナチズムの場合には〕国家が法治国家から不法国家に変容したことで、国家自身が不法状態を推し進めているということも、いよいよ明白になってきました。プロテスタントのキリスト者は、宗教的なものと世俗的なものとの混同の中にナチス国家の反神的性格が現れていると見て取りました。すなわち、国家自身が擬似宗教的形象になったとき、宗教的抵抗がめざめたのです。《アノミア》というルターの概念を、世俗国家やその可能な退廃形態にも適用できるかどうかについては、ここで考察する余裕はありません（この概念はルターにおいては、《暴君的》〔tyrannisch〕なものと感じられた《教皇教会》〔Papst-kirche〕についてのみ用いられています）。決定的に重要なことは、プロテスタンティズムが、現世からの敬虔主義的逃避以来、失っていた原初的な抵抗の伝統を、今やこの時期に再発見したということです。[訳注27]

　神学的な抵抗の根拠づけという点では、もっとラディカルな芽があちこちに生じました。そこではたいてい終末論的視点の傾向が優勢となっています。たとえば、ディートリヒ・ボンヘッファーはすでに1940年、チチェスターの主教〔英国教会のジョージ・ベル〕に向かって、ヒトラーは「除去」（eliminiert）されねばならないという確信を表明していた

ようです。その会話についてベル主教は次のように報じています。

　「1940年7月と8月には〔ナチス政権〕転覆活動に参加したすべ
ての人を絶望的空気が取り巻いていたことを、我々は知っている。当
時、ある会合が持たれたが、そこでは、もしヒトラーが殺されたら、
彼は殉教者という性格を与えられることになるから、それを避けるた
めにさらなる作戦〔暗殺の実行〕は延期されるべきだという提案がな
された。そのことも我々は知っている。だが、ボンヘッファーの応答
は断固たるものであった。すなわち、『我々が自らキリスト者であろ
うとするのなら、言い訳をする余地はありません。ヒトラーは反キリ
ストそのもの（the Anti-Christ）です。それゆえ、我々は、彼が成
功していようとなかろうと、我々の仕事を続行し、彼を除去
（eliminate）しなければなりません』というものだった[33]」。

　より能動的な抵抗の姿勢と、より受動的な抵抗の姿勢との相違は、ヒ
トラーに対する反対派を二つの明らかに異なる集団に分けましたが、こ
の相違は単に特別な現代史的環境の表現では決してありません。それは
キリスト教的生活とキリスト教信仰との基本姿勢という原理的問題に関
わるものであり、それゆえ、より大きな歴史的関連に属することです。
　キリスト教は、暴君殺害のギリシア的賛美に対して〔暴君への〕受忍
という思想を対置してきました。「すべての人は上なる権威に従うべき

〔訳注27〕　**敬虔主義**（Pietismus）　17世紀ドイツのルター派教会の内部で起こ
った信仰復興運動。P. J. シュペーナーやN. L. v. チンツェンドルフ、A. H. フ
ランケの指導により、特にボヘミア・モラヴィア（現チェコ・スロヴァキア）地
方、東独のハレ近郊や西独のヴュルテンベルク地方で敬虔な内面的信仰の再生、
禁欲的で勤勉な生活と奉仕の実践、緊密な小集団による祈りと聖書研究などを特
徴とした。福祉活動に熱心だったが、俗世間の政治・社会問題からは遠ざかった。
19世紀以降は信仰覚醒運動や共同体運動として、また、こんにちでは福音兄弟
会＝ヘルンフート兄弟団として継承されている。彼らの日々の聖句集『ローズン
ゲン』（DIE LOSUNGEN）は有名。

である！」〔ローマ13：1〕というパウロの言葉は、すべての権力は神から出たものであるから、権力者への抵抗は神への反抗を意味するという解釈によって補強されました。もちろん、この命題はすでに古代キリスト教の時代に反論を受けなかったわけではないし、その幾世紀か後の中世には聖職叙任権闘争[訳注28]における宗教権力〔教皇〕と世俗権力〔世俗君主〕の衝突が、伝統的な忍耐者・殉教者の哲学を新たな、部分的には非常にラディカルな抵抗理論によって後退させることもありました。この困難を克服するために、トマス・アクィナスは神による支配者の設定と、神による支配者の単なる許容とを区別したのです。こうして不正な権力に対する抵抗が可能となりました。とはいえ、一般的な抵抗の承認は――そして暴君殺害の承認はなおのこと――まだ問題外でした。

　こうした種類の問題については、たいていの場合、前もって対応の仕方を確定しておくといったことは行われません。ある行為が非難可能なものか、それとも同意するに値するものかという問いは、ほとんど常に事後にのみ判定することができるのです。前もってわかっているのは、ただ一定の手がかり、歴史的経験、類推のみです。暴君へと堕落した支配者が神によって容認されているとすれば、歴史的には、抵抗はまず合法的形態で行われなければなりません。この合法的形態が尽くされて後、はじめて他の手段が考慮されることになります。しかし現代的特徴を持つ全体主義国家では、そのように一歩一歩事を進めていくことは、きわめて困難です。そうしたやり方では抵抗の目的は達成されないでしょう。

　それでもなお、キリスト教的抵抗に加わった数多くの代表者たちは、キリスト者たちによる抵抗が防衛的形態でのみ遂行することが許されるという留保条件を、自らに課していました。特にモルトケ伯を中心とするクライザウ団は――もっぱらそうというわけではないが――長らくそ

〔訳注28〕　**聖職叙任権闘争**（Investiturstreit）　西欧の11世紀から12世紀にかけて高位聖職者の任命権をめぐるローマ教皇と世俗の君主たちとの争い。初めは世俗の君主たちが優勢だったが、次第に教皇の力が強くなり、13世紀に教皇権の絶頂期を迎えた。

34

のような考え方の中で動いていました。

「私は、私の行為や陰謀のために死ぬのではなく、私の思想のために死ぬ」。そのようにモルトケ伯は自分と能動的抵抗の闘士たちとの間を分ける線を引きつつ、最後の別れの手紙を書いています[35]。

こんにちではもちろん、我々は、クライザウ団もまた原理的には暴力の行使を排除しなかったということを知っています[36]。この問題をめぐっては、クライザウのメンバーたちの間で激論が闘わされました。しかし最大の力点は、初めからナチズムの精神的克服に置かれていました。クライザウの人々の活動は、破壊された人間像の再建を目標としていたからです。

抵抗運動の闘士たちの中のキリスト者たちにとっては、限界条件のもとでの政治的抵抗は、究極的には法律的問題ではなく、国法学上の問題でもありませんでした。それは宗教的問題でした。このことは特に1944 年 7 月 20 日事件の一群の男女に当てはまります。もちろん、陰謀家たちの計画と意図とを詳しく分析すれば、非常に多くの政治的動機が浮かび上がってくるかもしれません。けれども、戦争の速やかな終結の見込みがなくなり、ドイツの反ナチス的反対派への連合国の好意的態度が実際にゼロになった時点で、まさにその瞬間に、ヒトラーに対する〔国内の陰謀家たちによる〕暗殺作戦が決行されたという事実は、残り続けることでしょう。この行動には、すぐれて兆し（Zeichen）という性格、象徴（Symbol）としての性格が付着しており、そこには現実政治的な意義〔成功の可能性〕はごく小さかったのです。つまり、この行動によって、すべてのドイツ人がヒトラーに無分別に従っていったわけではないということ、相当な反対派が存在したのだ、ナチスとは異なるもう一つ《別のドイツ》（anderes Deutschland）が存在したのだということ、まさにそのことを目に見える形で示さねばならなかったのです。その場合の陰謀家たちの悲劇は、彼らが両方の側から誤解されていたということです。すなわち、連合国の指導者たちはドイツの陰謀家たちを反動家とみなし[37]、ドイツの民族主義者たちは彼らを裏切り者とみなしたということです。

抵抗運動に参加したキリスト教的な精神の人々を互いに結びつけたものは、何だったのでしょうか。プロテスタントの宗務庁参事官ゲルステンマイアーをカトリックの農民で兵役拒否者のフランツ・イエーガーシュテッターに、地主貴族のモルトケを社会主義者のハウバッハに、説教師ルーパート・マイヤーを歴史家ゲアハルト・リッターに、ゾフィー・ショル〔《白バラ》の女子学生〕をエレオノーレ・フォン・トロット〔法律家アダム・フォン・トロット・ツー・ゾルツの妻〕に結びつけたものは、何だったのでしょうか。それは結局のところ、（政治的動機は人によって全く異なっていたが）きわめて普遍的なもの、人間的なものでした。すなわち、ナチ体制による犯罪への共通の嫌悪、ナチ体制に唯々諾々として従っていった人々への共通の驚愕であり、そして人格的責任をここでこそ引き受けねばならないという意識でした。こうしてキリスト教的な諸個人は、その勇気と決断力において、彼らの教会をはるかに凌駕したのです。彼らは一つの共同のエキュメニカル〔全キリスト教会的〕な——そして政治的な！——行為をアピールしたのです。それは当面、何の成果もあげませんでしたが、無意味ではありませんでした。なぜなら、戦後において国家、教会、公共秩序に関する旧来の思考をあらためて検討し直すきっかけを〔後世の我々に〕残してくれたからです。そのプロセスは今もなお続いています。

原　注

(1) 抵抗概念の分類については、Eberhard Bethge, Dietrich Bonhoeffer, 3. Aufl., 1970, S. 890 を参照〔訳書＝ E. ベートゲ著、森野善右衛門訳『ボンヘッファー伝』第 4 巻（ドイツの運命への参与）、新教出版社、1974 年、232 頁以下〕。ベートゲは単純な受動的抵抗、公然たるイデオロギー的対立、転覆準備への関知、ヒトラー以後の将来計画の積極的準備、最後に積極的陰謀＝共同謀議という分類をあげている。マルティン・ブロシャートは、抵抗の概念を《日常的》拒絶、個々人の抗議という次元に拡張する。Martin Broszat, Bayern in der NS-Zeit, Bd.4, 1981, S.691ff. 抵抗の担い手の層や堅固さに着目した体系化としては、Klaus Gotto/ Hans Günter Hockerts/ Konrad Repgen, Nationalsozialistische Herausforderung und kirchliche Antwort. Eine Bilanz, in: Gotto/ Repgen, Die Katholiken und das Dritte Reich, 3. Aufl., 1990, S.173ff.

(2) Heinz Hürten, Verfolgung und Zeugnis, 1987; Klaus Scholder, Die Kirchen zwischen Republik und Gewaltherrschaft, 1988, S.113ff.; Aufsätze von Klemens von Klemperer, Peter Steinbach, Gerhard Besier, Heinz Hürten u.a., in: Der Widerstand von Kirchen und Christen gegen den Nationalsozialismus (Kirchliche Zeitgeschichte, 1, 1988); Victor Conzemius, Katholische und evangelische Kirchengeschichtsschreibung im Vergleich. Phasen, Schwerpunkte, Defizite, in: Conzemius/ Greschat/ Kocher (Hg), Die Zeit nach 1945 als Thema kirchlicher Zeitgeschichte, 1988; Kurt Meier, Kreuz und Hakenkreuz. Die evangelische Kirche im Dritten Reich, 1992, bes. S. 197ff. u. 225ff.

(3) Beate Ruhm von Oppen, Religion and Resistance to Nazism, Princeton 1971; Klemens von Klemperer, Glaube, Religion, Kirche und der deutsche Widerstand gegen den Nationalsozialismus, in: Vierteljahreshefte für Zeitgeschichte, 28 (1980), S.293ff.; Ders., Sie gingen ihren Weg... Ein Beitrag zur Frage des Entschlusses und der Motivation zum Widerstand, in: Schmädeke/ Steinbach (Hg), Der Widerstand gegen den Nationalsozialismus, 1985, S.1097ff.; Ders., Naturrecht und der deutsche Widerstand gegen den Nationalsozialismus, in: Vierteljahreshefte für Zeitgeschichte, 40 (1992), S. 323ff.

(4) Peter Hoffmann, Widerstand, Staatsstreich, Attentat. Der Kampf der Opposition gegen Hitler, 4. Aufl., 1985; Ders., Motive, in: Schmädeke/Steinbach（原注3）, S.1089ff.「そのような省察と、ほぼ完全に絶望的な状況とに直面しての行動は、ただ戦争と死との終結、ドイツの名誉の残滓の救済を目標とする自己犠牲としてのみ、なお理解できるものである」(aaO. S. 1094)。

(5) ある地域を例として全生活領域の急激な政治化の進行を描写したものとして、Peter C. Hartmann, Die Gleichschaltung in Bayern 1933 unter besonderer Berücksichtigung von Passau, in: Ostbairische Grenzmarken. Passauer Jahrbuch 29 (1987), S. 172ff. 第三帝国全体の雰囲気については今なお不朽の著作として、Wanda von Baeyer-Katte, Das Zerstörende in der Politik. Eine Psychologie der politischen Grundeinstellung, 1958.

(6) William O. Shanahan, Der deutsche Protestantismus vor der sozialen Frage, 1962, S. 118f.; Hans Maier, Die ältere deutsche Staats- und Verwaltungslehre, 2. Aufl., 1980, S.133ff., 168f., 278ff.; Michael Stolleis, Geschichte des öffentlichen Rechts in Deutschland, Bd.1 (1600–1800), 1988, S. 82ff., 273ff.

(7) Margaret L. Anderson, Windthorst. Zentrumspolitiker und Gegenspieler Bismarcks, 1988; Wilfried Loth, Katholiken im Kaiserreich. Der politische Katholizismus in der Krise des wilhelminischen Deutschlands, 1984; Ders. (Hg), Deutscher Katholizismus im Umbruch der Moderne, 1991; Wolfgang Altgeld, Katholizismus, Protestantismus, Judentum. Über religiös begründete Gegensätze und natioalreligiöse Ideen in der Geschichte des deutschen Nationalismus, 1992.

(8) 以下の記述については、Klaus Scholder, Die Kirchen und das Dritte Reich, Bd.1, 1977, S. 124ff., 277ff., 701ff.; Ders., Die Kirchen zwischen Republik und Gewaltherrschaft（原注2）, S. 131ff., 204ff.

(9) Jügen W. Falter, Hitlers Wähler, 1991, S. 169ff., 186ff.

(10) Heinz Hürten, Verfolgung, Widerstand und Zeugnis（原注2）, S. 23ff.

(11) Inge Aicher-Scholl, Die Weiße Rose, erweiterte Neuausgabe, 1983, Viertes Flugblatt.〔訳書＝インゲ・ショル著、内垣啓一訳『白バラは散らず──ドイツの良心ショル兄妹』改訳版、未来社、1974年、136頁参照。ただし河島の訳文による。なお日本人による研究書として、山下公子『ミュンヒェンの白いばら──ヒトラーに抗した若者たち』筑摩書房、1988/89年〕

(12) 従来の研究では、抵抗は個別的なキリスト者の側からのみ行われたのであって、教会の側からの抵抗はなかったという見解が優勢であった。しかしこの見解は、その後の諸資料の刊行によって、もはや維持されえない。信徒の突撃的行動と並んで、確かに監獄や強制収容所での司牧、ユダヤ人救援活動の面で公式の《教会組織》のイニシャチヴによる活動が存在した。それらは、ナチ体制の視点からすれば抵抗行動にほかならなかった。たとえば、ベルンハルト・リヒテンベルク、フォン・ガーレン、コンラート・グレーバー、テオフィール・ヴルム、コンラート・フォン・プライジング、ハインリヒ・グリューバーら、カトリックの司教およびプロテスタントの教会監督、両宗派の聖職者を想起されたい。さらに、教会指導部によって主唱され、始められたわけではないが、のちに教会指導部から支援され、秘密警察や保安本部に対抗して擁護された抵抗活動があった。しかも、聖職者の指導集団の内部でも、個々人の（あるいは司教協議会内部の修道会委員会などの反対派集団の）突撃的行動が優勢となり、それがしばしば、指導部内の、融和と《穏やかな外交》とを望む多数派の遺憾な頭痛の種となったことは、周知のとおりである。

(13) これについては、E. Bethge, Dietrich Bonhoeffer（原注1）, S. 889ff.〔前掲訳書＝E. ベートゲ著『ボンヘッファー伝』第4巻、新教出版社、231-238頁〕; Hans Maier, Das Recht auf Widerstand, in: Rudolf Lill/ Heinrich Oberreuter (Hg), 20. Juli. Porträt des Widerstands, 1984, S.63ff.; Heinz Eduard Tödt, Der schwere Weg in den aktiven Widerstand, in: Gotthard Fuchs (Hg), Glaube als Widerstandskraft. Edith Stein, Alfred Delp, Dietrich Bonhoeffer, 1986, S. 194ff.; Roman Bleistein, Alfred Delp. Geschichte eines Zeugen, 1989, S. 266ff.

(14) Dietrich Bonhoeffer, Nach zehn Jahren. Rechenschaft an der Wende zum Jahr 1943, in: Bonhoeffer, Widerstand und Ergebung, Neuausgabe 1970, S. 11ff. (14f.)〔訳書＝E. ベートゲ編、村上伸訳『ボンヘッファー獄中書簡』（抵抗と信従・増補新版）新教出版社、1988年、3-20頁「十年後―1943年に向かう年末に書いた報告」〕

(15) Heinz Boberach (Hg), Berichte des SD und der Gestapo über Kirchen und Kirchenvolk in Deutschland 1934-1944, 1971; Ders., Chancen eines Umsturzes im Spiegel der Berichte des Sicherheitsdienstes, in: Schmädeke/ Steinbach（原注3）, S. 813ff.

(16) Ulrich von Hehl, Priester unter Hitlers Terror, 1984. この書物は、個々の行動がどのように処罰されたか、どんな刑罰がどの機関によって下されたか、

その処置はどの期間にわたっているか、などについて、詳細に明示している (S. LXXIIIff.)。

(17) Peter Löffler (Hg), Bischof Clemens August Graf von Galen. Akten, Briefe und Predigten 1933–1946, 2 Bde., 1988; Heinrich Portmann, Kardinal von Galen, 1948, 17. Aufl., 1981; Max Bierbaum, Nicht Lob, nicht Furcht. Das Leben des Kardinals von Galen nach unveröffentlichten Briefen und Dokumenten 1955, 8. Aufl., 1978; Rudolf Morsey, Clemens August Kardinal von Galen － Größe und Grenze eines konservativen Kirchenfürsten (1933–1946), in: Jahres- und Tagungsbericht der Görres-Gesellschaft 1990, S. 5ff.〔日本人医師による注目すべきガーレン研究論文として、泉彪之助「精神疾患患者・遺伝性疾患患者に対するナチスの『安楽死』作戦とミュンスター司教フォン・ガーレン」『日本医学史学会雑誌』第49巻2号、2003年6月〕

(18) 以下については、Ger van Roon, Neuordnung im Widerstand. Der Kreisauer Kreis innerhalb der deutschen Widerstandsbewegung, 1967; Ders., Widerstand im Dritten Reich. Ein Überblick, 5. Aufl., S.141ff.; Dossier, Kreisauer Kreis. Dokumente aus dem Widerstand gegen den Nationalsozialismus. Aus dem Nachlaß von Lothar König SJ, hg. u. komment. v. Roman Bleistein, 1987; Helmuth James von Moltke, Briefe an Freya 1939-1945, hg. v. Beate Ruhm von Oppen, 1988; Roman Bleistein, Alfred Delp (原注 13).〔クライザウ団とは、モルトケの所有地である低シュレジエンのクライザウに集まった少人数の反ナチ抵抗グループで、ヒトラー政権の打倒とドイツの将来計画とを中心課題とした。日本人による研究書として、雨宮栄一『反ナチ抵抗運動とモルトケ伯——クライザウ・サークルの軌跡』新教出版社、2022年〕

(19) モルトケから妻への1945年1月11日の手紙による。Briefe an Freya (原注 18), S. 608.

(20) Beate Ruhm von Oppen, Einleitung, in: Briefe an Freya (原注 18), S. 52 より再引用。

(21) Dossier, Kreisauer Kreis (原注 18), S.184 ff. ここに引用したものは、ロタール・ケーニヒが編集した最終稿による (S. 192)。デルプの手書き草稿は次の書物に収録されている。Bleistein, Alfred Delp (原注 13), S.270ff.

(22) Alfred Delp, Gesammelte Schriften, hg. v. Roman Bleistein, Bd. 4: Aus dem Gefängnis, 1984, S. 316.

(23) Ebda S. 321.

(24) Eberhard Bethge, Dietrich Bonhoeffer（原注 1），S.894f.〔前掲訳書＝
E. ベートゲ著『ボンヘッファー伝』第 4 巻、239-241 頁〕

(25) Dietrich Bonhoeffer, Nach zehn Jahren（原注 14），S. 12.〔前掲訳書＝
E. ベートゲ編『ボンヘッファー獄中書簡』4 頁。ただし、訳文は河島による。
以下同じ〕

(26) Ebda. S. 14f.〔前掲訳書＝ E. ベートゲ編『ボンヘッファー獄中書簡』6 頁
以下〕

(27) Ebda S. 24.〔前掲訳書、16 頁〕

(28) Ebda S. 27.〔前掲訳書、19 頁〕〔ボンヘッファーについての日本におけ
る近年の本格的研究として、山﨑和明『D・ボンヘッファーの政治思想――抵
抗と再建の論理と倫理』新教出版社、2003 年。宮田光雄『ボンヘッファーと
その時代――神学的・政治学的考察』新教出版社、2007 年〕

(29) Hella Mandt, Tyrannislehre und Widerstandsrecht, 1974, S. 105ff.,
205ff.

(30) ここには、ヴァルデマル・グーリアン、カール・ヨアヒム・フリードリヒ、
ゲアハルト・リッターにおける――個人的体験に根ざした――全体主義理論の
淵源が見られる。

(31) これは、よく読まれたゲアハルト・リッターの著書の題名でもある〔Ger-
hard Ritter, Die Dämonie der Macht, 1948〕。この言葉は、抵抗運動のグル
ープの一つ、《フライブルク公会》(Freiburger Konzil) における、ある報告
講演に由来する。Christiane Blumenberg-Lampe, Das wirtschaftspolitische
Programm der 'Freiburger Kreise', 1973, S. 19 を参照。

(32) Walter Wagner, Der Volksgerichtshof im nationalsozialistischen Staat,
1974, S. 698ff.; Theo Schmidkonz, Hermann Josef Wehrle － Priester und
Martyrer, in: Georg Schweiger (Hg), Das Erzbistum München und Frei-
sing in der Zeit der nationalsozialistischen Herrschaft, Bd. 2, 1984, S.
227ff.

(33) Eberhard Bethge, Dietrich Bonhoeffer（原注 1），S.811.〔前掲訳書＝
E. ベートゲ著『ボンヘッファー伝』第 4 巻、87 頁。ただし訳文は、邦訳書の
訳文の不適切部分を訂正した。〕 なお、ヒトラーを反キリストと呼んでいるボ
ンヘッファーの文章はよく引用されるが、ベートゲ自身はボンヘッファーの思
想に関する深い知識に基づいて、この文章の信憑性に疑いを持っている。この
こともここで付記しておこう。〔前掲訳書『ボンヘッファー伝』第 4 巻、

87-88 頁参照〕

(34) 古代のキリスト教徒には一般に《政治的無関心》が認められるが、その最古の例外をなすものが、皇帝礼拝への抵抗であった。Arnold A. T. Ehrhardt, Politische Metaphysik von Solon bis Augustin, Bd. 2（Die christliche Revolution）, 1959, S. 21ff. を参照。

(35) Helmuth James von Moltke, Letzte Briefe aus dem Gefängnis Tegel, 9. Aufl., 1963, S. 62.

(36) これについては、Peter Hoffmann, Widerstand, Staatsstreich, Attentat（原注4), S. 457f.

(37) Hans Rothfels, Die deutsche Opposition gegen Hitler, 2. Aufl., 1951, S. 156ff.〔訳書＝ハンス・ロートフェルス著、片岡啓一訳『第三帝国への抵抗』弘文堂、1963 年、252 頁以下〕

ドイツ教会闘争史

ナチス・ドイツにおける両キリスト教会の順応と抵抗 —— カトリックとプロテスタント

河島幸夫

1 カトリックの教会闘争

神聖ローマ帝国

　現在のドイツ、オーストリア、チェコ、オランダ、スイス、イタリア北部を含む中欧に、中世の初め962年、ゲルマン民族のオットー1世は、カトリック教会の首長＝ローマ教皇の戴冠を受けて、神聖ローマ帝国（Heiliges Römisches Reich. いわゆる第一帝国）を建国しました。この国は、多くの領邦と自由都市が共存するゆるやかな連合体でした。そうした領邦の中で次第に強大となったのが、北部のプロイセンと東南部のオーストリアです。16世紀の宗教改革以降、プロイセンにはプロテスタントの君主と住民、オーストリアにはカトリックの君主と住民が、それぞれの領邦を形成するようになります。カトリックとプロテスタントが激しく対立して宗教戦争という非常事態にまで発展する中で、プロテスタントの領邦では領邦君主が教会の長を兼ねるという領邦教会（Landeskirche）が形成され、他方、カトリックの領邦では君主と住民がローマ教皇（Papst）との結びつきを深めました。

フランス革命からドイツ統一へ　文化闘争

　1789年のフランス革命に続くナポレオン戦争によって神聖ローマ帝国は1806年に終幕を迎えます。近代の啓蒙思想と結びついた革命は自由・平等・博愛を旗印に、封建的な王制とカトリック教会を敵視しまし

た。これに対してローマ教皇とカトリック教会は反近代・反啓蒙と復古主義の姿勢を強めます。19世紀後半にドイツ地方の課題となった統一方式をめぐっては、プロイセンとオーストリアの両方を含めた統一を志向する大ドイツ方式と、プロイセンを中心としてオーストリアを排除する小ドイツ方式とが対立しました。

　やがて、1866年の普墺戦争におけるオーストリアの敗北、プロイセンの勝利の後、1871年、フランスとの戦争に勝利したプロイセンと諸領邦・自由都市を併せて、オーストリアを除くドイツ帝国（Deutsches Reich. いわゆる第二帝政）が誕生しました。これは小ドイツ方式の勝利といえるでしょう。ただし、この国の人口の約3分の2はプロテスタント、約3分の1はカトリックでした。プロテスタントのオットー・フォン・ビスマルク首相は、建国まもないドイツが全人口の3分の1を占める少数派のカトリック教会によって弱体化するのを恐れて、カトリック教会や修道会（特にイエズス会）への弾圧政策（文化闘争）を開始します。これに対してカトリック教会とその信徒たちは、カトリック教徒が全住民の7割を占める南部の領邦バイエルン州を中心として、ローマ教皇レオ13世への忠誠と結束を強めました。1870年に結成されていた政治的カトリシズムの中央党も、指導者ルートヴィヒ・ヴィントホルストの下に反対姿勢を強め、一時的衰退の後、かえって総選挙での獲得議席数は上向きに転じます。ビスマルクは1880年代後半にこの文化闘争を終わらせました。その結果、カトリック系の中央党は帝国議会で野党のひとつとして無視できぬ地位を占め、またカトリック系の労働者、職人、福祉、女性、青少年などの民間組織を含む社会的カトリシズムは、しだいに存在感を高めることになりました。

第一次世界大戦からヴァイマル共和国へ　中央党とバイエルン人民党

　やがて1914-18年の第一次世界大戦で英・仏・ロシア・米国・日本と戦ったドイツは、同盟国オーストリアやオスマン・トルコと共に敗北しました。ドイツ、オーストリア、ロシアでは革命が起こり、君主制が崩壊し、ロシアでは史上初めての社会主義国のソヴィエト連邦（ソ連）

が生まれました。ドイツでは皇帝や諸領邦の君主たちも退位し、1919年にヴァイマルで、当時の世界で最も民主的と言われた人民主権、男女普通選挙、個人権と社会権を規定した憲法が制定されます。この共和制のドイツはヴァイマル共和国と呼ばれるようになりました。

　この激変はプロテスタント教会に深刻な影響を与えたのですが、カトリック教会に与えたショックは、それほど大きくはなかったのです。戦前には万年野党だったカトリック系の中央党からバイエルン州だけのバイエルン人民党が分離しましたが、両党は社会民主党、ドイツ民主党と共に新たな共和国を支えるようになりました。とはいえ、カトリック教会に潜在する権威主義や保守的心情、自由主義や民主主義への違和感はそれなりに残り続け、議会制の共和国を守り抜くという信念はそれほど強いわけではありませんでした

ヴァイマル共和国とカトリック教会

　第一次世界大戦後のドイツは、戦争責任を償うためヴェルサイユ条約によって巨大な賠償支払いを課せられ、海外領土の没収、ドイツ本土の縮小により、窮乏状態に陥ります。しかし戦後しばらくの混乱期をへて、米国からの借款やドイツ国民の努力によりヴァイマル共和国は1924年から数年間の相対的安定期に入ります。外政面では、1920年には大戦の惨禍への反省から国際連盟が作られ、国際協調の空気が広まって、ドイツも1926年に連盟への加入が認められました。しかし資本主義の矛盾が露呈し始めると、それに対抗する左翼と右翼の政治・社会運動も活発になりました。

　1922年、イタリアでは王制のもとにベニト・ムッソリーニの極右ファシスト政権が登場します。ローマ教皇ピウス11世は、1929年にこのイタリアとの政教条約（コンコルダート）としてラテラノ条約を結んでローマ市内にヴァチカン市国を作り、ファシズム国家イタリアを承認し、外交政策上は中立政策を約しました。

　ドイツでは1923年、アドルフ・ヒトラーの国家社会主義労働者党＝ナチ党＝ナチスがムッソリーニのローマ進軍デモに倣ってミュンヘン一

挙を起こしましたが、この時は失敗に終わりました。ヒトラーは逮捕され、裁判で有罪刑を宣告されましたが、獄中で著書『わが闘争』(Mein Kampf, 1925/26. 日本語訳 1942 年) の口述を始めました。やがて 1929 年秋の経済恐慌の影響を最も強く受けたドイツの混乱状況の中で、左右の政治団体が街頭で暴力的衝突を頻発させました。1920 年にミュンヘンで結成された極右ミニ政党のナチ党は、共産党の台頭を恐れる反共的な資本家の莫大な援助を受け、世界恐慌の嵐の中で反共と反ユダヤの大衆扇動の効果を発揮して 1930 年の総選挙で社会民主党に次ぐ第 2 党に躍進し、1932 年 7 月にはついに第 1 党に上りつめました。

　ドイツのカトリック司教たちは、初めからナチスの運動に強い警戒心を抱いてナチズムを批判し、信徒たちにナチ党への入党を禁じ、ナチ党員へは秘跡 (サクラメント＝聖礼典) のミサ聖体を授けませんでした。ナチスの突撃隊員が隊列を組んで教会の礼拝に出席することは禁じられました。カトリックの有権者たちの多くは、中央党 (党首は聖職者のルートヴィヒ・カース) とバイエルン人民党への支持を続け、ナチ党への支持率はプロテスタントの場合よりも低かったのです。保守的カトリックの政治家フランツ・フォン・パーペンの周辺にはナチズムとの提携を志向する〈「十字架と鷲」同盟。のちにカトリック・ドイツ活動団と改称〉という小集団が 1933 年に現れましたが、この潮流はカトリック教会全体の中では一時的な泡沫現象に終わりました。

ナチスの政権掌握とカトリック教会

　しかし、1933 年 1 月 30 日にナチ党と保守系の国家人民党などが連立してヒトラー政権が成立します (いわゆる第三帝国 [Das Dritte Reich] の誕生)。そこに打ち出された〈国民革命〉や〈国民的決起〉のキャンペーンの興奮にカトリック教徒たちも次第に巻き込まれていきました。司教たちの強く批判してきたナチスが国家の主人公となったのですが。

　教皇ピウス 11 世はヒトラーの反共姿勢を讃えるようになります。しかも 3 月 24 日、首相ヒトラーが国会演説で、「キリスト教をドイツ民

族の道徳的・倫理的生活の不動の基礎とみなし、キリスト教会の諸権利を尊重し、教皇庁との友好関係を養う」と強調すると、カトリック系の中央党とバイエルン人民党は、行政府（内閣）に立法権を与える全権委任法に賛成してしまいました。

　この法律に加えて様々の非常事態関係法規や弾圧政策によって、急速にナチス独裁制が固められていきます。ドイツ司教団は同年3月28日に司牧教書を発表し、ナチスに対する従来の「一般的禁止」方針を取り消してしまいました。カトリック教徒がナチスに入党することも許容されるようになります。聖職者が主導する中央党とバイエルン人民党は7月上旬に自主解散して、政治的カトリシズムは終幕を迎えました。

政教条約──ヒトラーとローマ教皇

　教皇庁はヒトラー政権の提案に応じて政教条約を結ぶための交渉に入り、1933年7月20日、教皇庁国務長官エウジェニオ・パチェリとドイツ側の副首相パーペンが条約に調印しました。ナチス政権によるカトリック教会やカトリック系民間団体への激しい弾圧に抗してドイツのカトリシズムを防衛するためには、国家と教皇庁との外交条約である政教

政教条約の調印
中央にパチェリ国務長官（後の教皇ピウス12世）、
向かって左から二人目にパーペン副首相（ナチス・ドイツ）
1933年7月20日

条約を結ぶことが必要だと思われたのです。この条約の締結によってカトリック教会の宣教の自由が保障され、司牧活動や純宗教的・純文化的および福祉的な活動に従事するカトリック系の民間組織への保護が約束され、ドイツの聖職者・信徒とヴァチカンとの交流も保障されることになりましたが、ヒトラーが強く要求したとおり、聖職者の政党政治活動は禁止されました。ドイツの司教・司祭たち聖職者はこの条約締結を祝い、それを推進した宰相ヒトラーを讃えました。教皇庁のヴァチカン市国は世界で最初にナチス・ドイツを承認した国となり、カトリック教徒のナチス政権への服従も促されました。

　政教条約以降のカトリック教会の基本姿勢は、教会固有の宣教領域を守る自衛行動ないし教会自体の制度的維持と、カトリック系の労働者・職人・福祉・女性・青少年の団体の存続とに自己限定し、政治的なものとみなされうるような行動様式は自制されました。それは、宗教的・信仰的次元と世俗的・政治的次元、つまり教会内領域と教会外領域を分けて対応するという一種の二王国論的姿勢であり、プロテスタント教会における告白教会内のルター派領邦教会（いわゆる〈無傷の教会〉）の監督たちの基本姿勢に類似した行き方でした。この基本姿勢はナチス体制の最後まで続くことになります。それを体現した中心人物が司教協議会の議長でブレスラウの大司教アドルフ・ベルトラム枢機卿でした。

ナチス独裁と教会弾圧の強化

　しかしナチス政権は政教条約を無視して、少なからぬ聖職者の不当逮捕などの教会弾圧やカトリック系の民間団体への迫害を強化しました。ナチ党のイデオローグ（理論的指導者）であるアルフレート・ローゼンベルクは著書『20世紀の神話』（1934年。日本語訳1938年）によって「ユダヤ人の書物」たる旧約聖書を誹謗・攻撃し、民族至上主義的なゲルマン神話（新異教主義）を鼓吹しました。ナチス系の新聞・雑誌はカトリック聖職者や修道会への侮辱的な非難・攻撃の大プロパガンダを展開しました。この『20世紀の神話』に対してはいくつかの司教区報が厳しい反論を公表し、ヴァチカンはこの本を禁書目録に掲げて有害図

書に指定し、カトリック教徒がこの本を読む
ことを禁じました。

　ナチス側のゲシュタポ（秘密警察）や治安
組織、ナチス系の親衛隊や突撃隊は、政教条
約に違反してキリスト教聖職者や信徒への逮
捕や暴行、拘束、強制収容所への収監、カト
リック系の民間団体への迫害・破壊政策、カ
トリック系新聞・雑誌の制限や発禁、学校教
育におけるキリスト教科目のナチス世界観科
目との取り替えなどを強化します。こうした
蛮行に対するカトリック教会側の対応方式を
めぐっては、ドイツの司教団の中に二つの路

アドルフ・ベルトラム枢
機卿（1859-1945）

線が存在しました。すなわち、その一つは司教協議会議長ベルトラム枢
機卿を中心とする「申し入れ路線」であり、もう一つはアイヒシュテッ
トの司教で後のベルリン司教となるコンラート・フォン・プライジング
やミュンスター司教のクレーメンス・A・フォン・ガーレンらの「公開
抗議路線」です。前者は関係官庁への内々の要望書を中心とする穏健な
方法であり、後者は民衆への訴えや礼拝説教や教書、宗教行列などによ
る公然たる抗議表明を中心とする強硬な方法です。ドイツの司教団内部
で基本線をなしたのは多数派の前者で、後者は少数派でしたが、次第に
後者の声もそれなりに強くなりました。

回勅「ミット・ブレネンダー・ゾルゲ」（燃える憂慮に満たされて）

　初期にはヒトラーの反共姿勢をほめていた教皇ピウス11世は、やが
て公開抗議路線に転換し、1937年3月21日（棕櫚の主日）に史上初めて
のドイツ語（普通はすべてラテン語）による長文の回勅「ミット・ブレ
ネンダー・ゾルゲ」（Mit brennender Sorge. 燃える憂慮に満たされて）
をドイツ全国のカトリック教会の説教壇から発表し、その全文プリント
を教会員たちに配布して、民族至上主義のナチス世界観を根底から批判
しました。この回勅はミュンヘンの大司教ミヒャエル・フォン・ファウ

教皇ピウス11世回勅
「ミット・ブレネンダー・ゾルゲ」
(燃える憂慮に満たされて) 第1ページ
1937年3月14日

ルハーバーによって起草され、教皇庁国務長官エウジェニオ・パチェリによって大幅に増補されたものです。それは、ナチスによる政教条約違反、「教会の絶滅」を目指す反キリスト教的攻撃、ゲルマン人種や民族の神格化、ヒトラー崇拝を弾劾し、神の法と神によって与えられた理性とを中核とする自然法に基づいて「人間は神によって人格として与えられた権利(gottgegebene Rechte) を所有する」と強調していました。

　これに対してナチス当局はこの回勅の発表・配布をドイツ国家指導部に対する「公然たる宣戦布告」と受けとめ、ドイツ外務省と教皇庁の間では、この回勅をめぐって非難の応酬が行われました。警察は12か所の印刷所を没収し、数名を逮捕しましたが、聖職者の大部分に手を触れることはしませんでした。

　この回勅には、プロテスタントの告白教会による「バルメン宣言」に

も共通するキリスト教社会倫理の核心が含まれていました。ガーレン司教は、この回勅がカトリック信徒たちに、独裁国家に生き、その悪政に直面する覚悟を促すとともに、プロテスタント信徒たちも最も聖なる確信を擁護してくれたと喜んでいる、と書き残しています。

ユダヤ人迫害の激化と教会の対応

　ナチズムの最重要な核心の一つは反ユダヤ主義です。ユダヤ人はドイツを害する最も邪悪な人種とみなされ、ヒトラー政権の初期からユダヤ人迫害が始められ、強化されていきました。1933年4月の職業官吏再建法によってユダヤ人公務員は解職され、1935年9月のニュルンベルク諸法などによってユダヤ系ドイツ人の市民権が剝奪され、ユダヤ人とドイツ人との結婚・性関係が禁止されました。ユダヤ人の医師や弁護士などの国家資格が剝奪され、ユダヤ人の公共生活からの排除が進み、ユダヤ系企業の経営は「アーリア化」と称して没収され、ドイツ人の手に移されました。

　1938年11月9日の〈水晶の夜〉事件では、宣伝大臣ゲッベルスの陰謀やナチス突撃隊などの扇動によってドイツとオーストリアの全土でユダヤ人の商店や施設、シナゴーグ（ユダヤ会堂）が破壊、放火され、砕け散ったガラスの破片が街灯の光に反射して水晶のように輝いたそうです。多くのユダヤ人が殺され、約2万人が暴行を受け、不当に逮捕され、あるいは収容所に送られました。これに対してカトリック教会もプロテスタント教会も沈黙を守りました。ただ両教会の聖職者で抗議の声をあげた少数例として、カトリックの聖堂司祭ベルンハルト・リヒテンベルク（ベルリン）は1943年、ダハウ収容所に送られる途中に死去し、プロテスタントのユリウス・フォン・ヤーン牧師（ヴュルテンベルク州オーバーレニゲン）は1年4か月の禁固刑を受けました。

第二次世界大戦とカトリック教会

　1939年2月にピウス11世が死去し、3月に国務長官パチェリがローマ教皇ピウス12世となります。同年9月からの第二次世界大戦に際

してヴァチカンは独伊日の枢軸国側にも英仏米ソの連合国側にもくみせ
ず、中立政策を維持しました。ドイツの司教団は戦争には反対せず、信
徒たちの従軍を奨励しています。特にソ連との戦いは無神論的共産主義
に対する正義の戦いとして鼓舞されました。

　しかし、カトリック信徒の中からフランツ・イェーガーシュテッター
をはじめ、プロテスタントよりも多い二桁の兵役拒否者が現れました。
〈ドイツ・カトリック教徒平和同盟〉を結成したマックス・ヨーゼフ・
メッガー司祭は秘密警察（ゲシュタポ）に逮捕され、民族裁判所で死刑
判決を受けて、1944 年 4 月に処刑されました。反ナチ抵抗組織のクラ
イザウ団に加わってドイツ敗戦後の再建構想を練ったイエズス会士アル
フレート・デルプは、やはり死刑判決を受け、1945 年 2 月に処刑され
ています。

ナチス優生政策への抵抗

　優生思想はナチズムの本質的特徴の一つです。優秀とみなされた同じ
ドイツ人でも、障がい者・精神病者は劣等な人間であり、生きる価値が
ないとみなされました。ヒトラー自身、著書の『わが闘争』の中で人間
の間の優劣を絶対視する優生思想を強調しています。

　この思想を実現すべく、まず 1933 年 7 月に「遺伝病子孫予防法」が
制定され、翌年から、遺伝性とみなされた知的障がいやてんかん、統合
失調症、アルコール依存症の患者に強制断種（不妊手術）が実施される
ようになりました。これに対してカトリック教会の司教たちは、ナチス
政権成立前の 1930 年末に教皇ピウス 11 世の発した回勅「カスティ・
コンヌビイ」（Casti Connubii. 貞潔な結婚）にそって、強制断種（不
妊手術）政策に反対を貫こうとしました。しかし、実際に患者たちを預
かっているカトリック系カリタス（Caritas）の諸施設では、敗戦まで
の間にかなりの数の断種犠牲者を出すことになってしまいました。ドイ
ツ全体の断種被害者数は約 40 万人と推定されています。

　ヒトラーは 1939 年 9 月 1 日付で、「不治と判定された患者に恩恵死
（Gnadentod）を与える」権限を医師カール・ブラントと親衛隊将校フ

ィリップ・ブーラーに密かに委任しました。これが心身障がい者に対する秘密の〈安楽死作戦〉（Euthanasie-Aktion. T4）です。この蛮行はカトリック教会の強い反対を引き起こしました。カトリック系の福祉事業カリタスの患者からも多くの犠牲者が出ていたからです。

これに対してミュンスターの司教ガーレンは1941年夏、聖ランベルティ教会における連続説教で、「生きるに値しないとみなされる非生産的人間や不治の病人」に対する殺害措置は、「神の法と自然法に反するだけでなく、ドイツ刑法第211条の殺人罪に該当する」として検察庁に告発状を提出しました。

こうした抗議行動と、安楽死施設近郊の住民による患者殺害の噂の広がりとを知ったヒトラーは、41年8月末に安楽死作戦の中止を命じました。しかしその裏ではこの蛮行は、戦争末期まで密かに野放しで継続されていたのです。その結果、殺害された犠牲者は約20万人と推定されています。

教会はユダヤ人を救援したか

迫害されたユダヤ人への対応については、「キリスト殺し、神殺し、回心しないユダヤ教徒」という、キリスト教会に潜在したユダヤ人への長年の偏見に基づく宗教的反ユダヤ主義や教会自身の防衛優先のために、カトリック教会によるユダヤ人への保護・救援はまったく不十分でした。それでもプライジング司教の指導下に聖ラファエル連盟やベルリン司教区の救援機構（リヒテンベルク司祭、マルガレーテ・ゾマー女史ら）が特にユダヤ人カトリック教徒の海外亡命を支援しました。

やがてドイツ軍占領下の東欧で膨大な数のユダヤ人が暴行され、殺害されているという情報が、ナチス支配の初期から欧米各地のユダヤ人団体や、ドイツ出身の哲学者でオラン

コンラート・フォン・
プライジング司教
（1880–1950）

エーディット・シュタイン
（1891-1942）カルメル会ユ
ダヤ人修道女
1942年アウシュヴィッツで
ガス死

ダに避難したユダヤ人のカルメル会修道女エーディット・シュタイン（のちアウシュヴィッツで殺害）ら諸個人、米国のフランクリン・ローズヴェルト大統領らから教皇庁に寄せられました。ドイツ司教団はしばしばナチス当局に異人種の大量殺害を抗議しましたが、教皇ピウス12世は沈黙の基本姿勢を変えず、具体的な対応は司教たちに任せました。彼は、オーストリア出身のカトリック教徒ヒトラーやナチス指導者内のカトリック教徒の破門も行いませんでした。その理由としてヴァチカンには外交政策上の中立政策による自主的制限、ユダヤ人虐殺情報の正確さへの疑念、公然たる抗議に対するナチスからの過剰な報復への心配などがあげられます。ただし、イタリアの独裁者ムッソリーニが1943年に失脚して、ローマ市がナチス・ドイツ軍によって占領されると、教皇は市内のユダヤ人総数1万人のうち数千人を教皇庁やカトリック施設に保護させました。

　大戦末期までにナチス・ドイツによって計画されたユダヤ人殺害予定総数は1000万人以上、実際に殺害されたヨーロッパのユダヤ人は600万に上ります。

　1943年8月19日、ドイツ司教団は司牧教書において、十戒が命じる「殺すなかれ」に依拠して、神の全権と人権の尊重を訴え、「知的障がい者、重病人、精神病者、捕虜、無実の人、異人種の殺害は許されない」と強調しました。44年のクリスマスメッセージでピウス12世は人間の尊厳と平和の回復を呼びかけましたが、ユダヤ人の根絶を意味するナチス・ドイツによる〈最終解決〉への抗議は含まれませんでした。

敗戦・罪責告白の歩み

　1945年5月8日のドイツ敗戦までにカトリック関係では聖職者1万人以上が投獄ないし強制収容所に送られ、200人以上の聖職者と信徒が

殉教の死を遂げています。史上最大の死者6000万、負傷者4000万、行方不明者400万を出したファシズムと世界戦争の時代は、史上例のない大きく深い傷を残して、枢軸国イタリア・ドイツ・日本の敗戦のうちに終わりました。

　ドイツ司教団は1945年8月23日の司牧教書の中でナチス支配下のカトリック教会を回顧し、信徒たちがナチズムの偶像に膝を屈めなかった、とたたえるとともに、信徒の相当数がナチズムの誘惑に負けて、「人間の自由と尊厳に対する犯罪に目をつぶり、多くのドイツ人がそうした犯罪を助長し、共犯者となった」とする罪責の告白を行いました。しかし、それは組織としての教会の罪責告白ではありませんでした。

　けれども、1975年11月には西ドイツ司教区総会で「我々は、迫害されたユダヤ人の運命に背を向けた教会共同体だった」という罪責告白が決議されています。また、1979年の第二次世界大戦開戦40周年にあたってのドイツ司教団声明は、「我々は、教会にも罪責があったことを知っている」と告白しました。さらに1988年には〈水晶の夜〉50周年にちなみ、ドイツとオーストリアの司教共同声明は「我らの前任司教たちは説教壇から共同の抗議をあげなかった」、「それは我らの心を重く苦しめる」と表明しました。そして2000年3月にはポーランド出身のローマ教皇ヨハネ・パウロ2世は、特別ミサ礼拝で教会の分裂、十字軍、異端審問、反ユダヤ主義に教会や信徒が深く関わったと指摘して、歴史上の罪責を総括的に告白しています。

2　プロテスタントの教会闘争

宗教改革とプロテスタントの誕生

　16世紀の初め、マルティン・ルターによる宗教改革によって生まれたルター派と、次いでフランスの宗教改革者ジャン・カルヴァンの流れを汲む改革派とが、ドイツのプロテスタント（福音主義）教会を形成しました。それ以外のバプテスト、メソジストなどの自由教会もプロテスタント内の小教派ですが、ここでは扱いません。

宗教改革以降、カトリック勢力との対立と武力紛争をへて、1555年のアウクスブルク宗教和議でカトリックとルター派の同権が承認され、さらに1818年から30年間にわたる宗教戦争を終結させた1648年のウェストファリア条約でカトリック、ルター派、改革派の同権が承認されました。プロテスタント教会は、激動の非常事態に対処するため暫定的に、世俗君主である領邦君主を教会全体の首長とする領邦教会制（Landeskirchentum）を採用し、市民代表が統治する自由都市とともに、政治権力による特別の保護を受けることになりました。当時の中欧地域に君臨する神聖ローマ帝国（962–1806）は、16世紀以降には新しいプロテスタントの住民だけでなく、旧来からのカトリック信徒が圧倒的に多いオーストリアなどを含む領邦や自由都市のゆるやかな連合体となりました。

フランス革命からドイツ統一へ　〈神聖福音帝国〉

　1789年のフランス革命に続くナポレオン戦争の結果、神聖ローマ帝国は1806年に解体します。その戦後処理を話し合った19世紀初めのウィーン会議の後、復古主義の時代をへてナショナリズムと自由主義の高揚の中で、中部ヨーロッパでは、1870年の普仏戦争でフランスを破った領邦のプロイセンを中心として、1871年1月、ビスマルク首相、皇帝ヴィルヘルム1世を頂点とするドイツ帝国が成立しました。カトリック信徒の多いオーストリアを除外して建国されたこの統一国家では、人口の約3分の2がプロテスタント教会に、約3分の1がカトリック教会に所属していました。プロテスタントの首相と皇帝を頂点としてプロテスタント信徒が多数を占める領邦のプロイセンが主導するドイツ帝国は、プロテスタント信仰の強い人々にとっては、あたかも「神聖福音帝国」（宮廷説教師アドルフ・シュテッカーの言葉）のように思われたのです。

　国内での少数派となったカトリック教会の政治的応援者として形成されたのが中央党です。カトリック教会と中央党はビスマルクによる文化闘争を耐え抜きました。他方、プロテスタント教会は国内での政治権力

による保護に安住できましたから、自らの政党を形成する必要はなく、保守政党と繋がっていればよかったのです。1878年にシュテッカーによって社会的要素を重視したプロテスタント政党のキリスト教社会労働者党（のちにキリスト教社会党と改称）が結成されましたが、この政党やプロテスタント系の労働組合は小さな動きにとどまりました。シュテッカーは反ユダヤ主義の傾向も持っていました。

第一次世界大戦の敗北とヴァイマル共和国のプロテスタント教会

　第一次世界大戦の開戦期にはドイツのプロテスタント教会は戦争の熱狂に巻き込まれました。ただ、そうした熱狂の渦に巻き込まれず、戦死した敵の人たちのためにも祈ることを説き、「国民的自覚のうえに神の民を立てることはできない」と語ったクリストフ・ブルームハルト牧師（ヴュルテンベルク領邦教会所属で社会民主党員）のようなキリスト者がいたことも忘れてはなりません。のちにドイツで有名となる神学者のカール・バルトは当時、スイスの田舎牧師でしたが、ベルリン大学神学部の恩師たちがドイツの開戦状況に熱狂する報に接して、彼らの自由主義神学に深い疑念を持つようになりました。

　第一次世界大戦の敗北と君主制の崩壊によってプロテスタント教会は長年続いた政治権力による保護を失いました。それはプロテスタント教会に大きく深刻なショックを与えましたが、1919年、ヴァイマルの制憲会議で新たに制定された共和国憲法は、当時の世界で最も民主的な人民主権、男女普通選挙権、個人的・社会的人権を規定し、キリスト教の両教会には従来同様の手厚い保護と特権を与えました。すなわち、教会は公法上の団体とされ、国家による教会税の代理徴収も存続し、公立学校における宗教科目（キリスト教）、公立大学の神学部も維持されました。聖職者は準公務員であり続けたのです。

　こうして出発したヴァイマル期のプロテスタント教会の指導層の政治意識はどのようなものだったでしょうか。それはおよそ次のような4類型に分類されます。

① 国粋的キリスト教――この類型の特徴は、キリスト教の中からユダヤ的なものを排除し、キリスト教をゲルマン化することを目指し、君主制の復活を志向します。その代表的人物にはゴットフリート・トラウプ牧師がいますが、彼らは共和制の打倒を目指す極右を支持しました。のちにドイツ的キリスト者の運動が始まると、それに共鳴するようになります。この類型は全体の約10%ほどでしょう。

② 保守的ナショナリズム――この類型の人々は、君主制への未練はあるものの、共和制という現実と妥協し、政治的には穏健保守の国家人民党を支持しました。代表的人物にはオットー・ディベリウス（クールマルクの総教区長）やラインホルト・ゼーベルク（神学教授）らがいます。この類型の人々が最も多く、約70%と推定されます。

③ 自由民主主義――この類型の人々は、積極的にせよ消極的にせよ共和制を受け入れ、自由と民主主義を育てていこうとして、中道政党のドイツ民主党やドイツ人民党を支持しました。代表的人物は神学教授のアドルフ・フォン・ハルナックやエルンスト・トレルチ、社会学者のマックス・ヴェーバーや、元牧師で政治家フリードリヒ・ナウマンらがいます。この類型はやはり少数派で10%ほどです。

④ 宗教社会主義――この類型が最左翼の人々です。彼らは資本主義をイエスの福音に反する搾取と格差、階級対立の元凶とみなし、帝国主義的社会構造と戦う労働者との連帯を主張して、社会民主党に共鳴しました。牧師のエルヴィン・エッカート、神学者のエミール・フックスやパウル・ティリヒ（1933年、米国に亡命）らがこの類型に属します。

なお、神学の世界で有名な弁証法神学の人々はどの類型に入るのでしょうか。カール・バルトは母国スイスの田舎牧師時代に労働運動を支援して社会民主党に入りましたから、宗教社会主義に近く、ドイツの大学教授になってからも1930年代にドイツ社会民主党に入党しました。しかし同じ弁証法神学者でも、フリードリヒ・ゴーガルテンのようにドイツ的キリスト者に共鳴した人もいます。

ヴァイマル共和国は1920年代の後半に数年間の相対的安定期に入り、

政治的リーダーシップをとったシュトレーゼマン（首相、外相）のもとに 1926 年、国際連盟に加入しました。しかし 1929 年にアメリカのニューヨークに発した世界恐慌の悪影響を受けたドイツでは、600 万人もの人々が失業し、経済や社会が大変な窮状に陥ると、ヴェルサイユ条約の破棄、対応能力のないヴァイマル共和制の議会制民主主義の打倒、それに代わる強力なリーダーシップを呼号する左右の過激政党や集団が台頭しました。その中で最も顕著な躍進を遂げたのが、ヒトラー率いるナチ党でした。プロテスタント教会の中にも、戦前の保護者であった君主制の崩壊という空白を埋めるものとして、《王座と祭壇》に代わる《民族と教会》というスローガンを見いだした人々が、ドイツ民族の誇りや団結を叫ぶ国粋主義や民族派の運動に共感を覚えたとしても不思議ではありません。

　世界恐慌の混乱の中で 1930 年の総選挙で、ミニ政党だったナチスは一挙に 100 名を超える当選者を出し、1932 年 7 月にはついに第 1 党となりました。しかもそのナチ党はカトリックよりもプロテスタントの有権者から多くの支持票を獲得したのです。

　ところで、1930 年代にはプロテスタントの小政党としてドイツ西部のプロテスタントを中心に活動した《キリスト教社会人民奉仕団》が、総選挙で十数名の当選者を出しました。しかしこの政党も、まもなくナチスの大波の押し寄せる中で衰滅の道をたどりました。

ナチスの政権掌握　ドイツ的キリスト者の登場

　1933 年 1 月 30 日、ナチ党と国家人民党などの旧保守勢力とが連立したナチス政権の成立は、〈国民的決起〉と〈国民革命〉の熱狂の渦にプロテスタント教会をも巻き込みました。首相となったアドルフ・ヒトラーは急速に独裁体制を固めます。その法律的基礎の一つとして同年 3 月に立法権を内閣に委譲する全権委任法が制定されました。また 4 月には公共世界からナチスにとって不都合な公務員を排除する職業官吏再建法が制定され、官庁の職場からまずユダヤ人を非アーリア人と呼んで追放しました。やがてナチス以外の全政党や労働組合などが禁止され、各

州の分権的自治も廃止され、国内各分野の強制的同質化（均制化）が進められます。ユダヤ人は公共世界から締め出され、医師や弁護士の資格を奪われました。ユダヤ系の企業や商店は〈アーリア化〉と称して没収・解体され、ドイツ人に安く譲渡されました。

ナチ党は綱領の第24条に、ゲルマン人種にふさわしい「積極的キリスト教を代表する」と記しています。その手先となってキリスト教とナチズムの一致を叫ぶプロテスタントの〈ドイツ的キリスト者〉（DC）が全国各地の教会選挙で勝利して、各地の領邦教会の指導部を支配するようになりました。DC は、苦悩するイエスに代わる英雄的イエス像や民族主義的ルター像を鼓吹し、教会から旧約聖書とユダヤ人との排除、無能者・低価値者の差別、ゲルマン民族至上主義の高揚、平和主義と国際協調との否定、こうした基本線に基づくプロテスタントの帝国教会の創設などを唱え、ナチス当局や突撃隊と癒着してプロテスタント教会の全体をナチス第三帝国に均制化しようとしました。

告白教会とバルメン宣言

特に教会からユダヤ人の牧師や信徒を追放するというドイツ的キリスト者の動きを「信仰告白の（非常）事態」（Status confessionis）とみなした人々は、1933年9月に、マルティン・ニーメラーやハンス・アスムッセンらを中心に〈牧師緊急同盟〉を結成し、同年末から各地に〈告白教会〉（Bekennende Kirche）が誕生し、34年4月にはウルムで全国組織が出発しました。

ヒトラーの当初の教会政策のねらいは、福音主義教会をドイツ的キリスト者の主導する帝国教会として一本化し、そこに〈指導者原理〉による新設の帝国教会

マルティン・ニーメラーと滝沢克己
1966年5月10日 西南学院大学神学部干隈校舎
関谷定夫氏撮影

監督を据えてプロテスタント教会を支配することでした。ところが、教会の代表者たちは帝国教会監督に福祉施設ベーテルのフリードリヒ・フォン・ボーデルシュヴィンク牧師を選んでしまったのです。これに怒ったヒトラーの圧力でボーデルシュヴィンクはこの職を退き、同年９月にヒトラーお気に入りのドイツ的キリスト者のルートヴィヒ・ミュラーが帝国教会監督に選ばれました。

　1933 年 7 月に制定されたドイツ福音主義教会（DEK）憲法は帝国教会監督を新設したものの、従来どおりルター派、改革派、合同教会（ルター派と改革派をあわせた組織）という各領邦教会の自律性を保障し、「聖書の中に証言され、宗教改革の信仰告白の中で新たな光を受けたイエス・キリストの福音」を強調しています。

　ドイツ全国に広まった告白教会は、1934 年 5 月末にルール工業地帯の町ヴッパータール・バルメン（Barmen）のゲマルケ教会で第 1 回全国告白教会総会（Synode）を開き、神学者カール・バルトらの起草した「バルメン宣言」を採択しました。この宣言は、「イエス・キリストこそ神の唯一の

Theologische Erklärung zur gegenwärtigen Lage der Deutschen Evangelischen Kirche

「バルメン宣言」1934 年 5 月 31 日　第 1 ページ

カール・バルト（1886–1968）
〔西ドイツ 1986年発行の
切手〕

言葉である」として、特定の歴史現象に神の啓示を見ることを否定し、また、神の定めた「法と平和」（Recht und Frieden）を守る権能を国家に認めつつ、国家が「人間生活の唯一の全体的秩序」（die einzige und totale Ordnung menschlichen Lebens）となることを退け、世界が究極的にはキリストの王権に服することを示しています。これは間接的にナチズムへの批判を内包していましたが、激しさを増しつつあったナチス当局によるユダヤ人迫害への批判は含まれませんでした。この総会では「法的状態に関する宣言」も採択され、教会緊急権に基づいて、ドイツ的キリスト者による帝国教会支配を違法なものと断定し、告白教会こそが合法で正当な福音主義教会であるとしました。また指導部として全国兄弟評議会（Reichsbruderrat. カール・コッホ、ニーメラー、カール・イマー、ハンス・アスムッセンら）が設置されています。

　その後、全国告白教会総会は第2回（1934年10月）のベルリン・ダーレム総会（教会緊急権の確認）、第3回（35年6月）のアウグスブルク総会、第4回（36年2月）のバート・エーインハウゼン総会と続きましたが、それ以後はナチス当局による弾圧を受けて開催不可能となります。ナチス当局による告白教会への迫害・弾圧は急速に激しくなりました。告白教会のナチズム批判に神学的根拠を与えたボン大学教授のバルトは、ヒトラーへの服従宣誓書に「福音の命じる範囲において」という文言を付け加えたために、文部大臣から教授職を解かれ、やむなく母国のスイスへ帰国しました。しかし、バーゼル大学の神学教授となったバルトはその後もスイスから告白教会を応援し続けます。

告白教会内部の二潮流
　告白教会の指導部としては、その後、第一次暫定指導部（1934年11月。アウグスト・マラーレンス議長）、第二次暫定指導部（36年3

月。フリッツ・ミュラー議長）が設置されます。告白教会の内部には、バルメン宣言に忠実でキリストの王権的支配を重視する古プロイセン合同告白教会（ニーメラー、イマーら）などの教会（いわゆるドイツ的キリスト者によって〈破壊された教会〉）と、バルメン宣言を重要参考文書とだけみなし、二王国論を採るルター派の領邦教会（ハノーヴァー地区のマラーレンス監督、バイエルン州のハンス・マイザー監督、ヴュルテンベルク州のテオフィール・ヴルム監督のいわゆる〈無傷の教会〉）という二つのグループの対立が生じました。両者による告白教会の決定的な分裂は避けられましたが、後者は告白教会の内部でルター派評議会を形成するようになります。

弾圧の激化とナチスの教会政策

　ナチ独裁体制の強化、特にアウトバーン（高速道路）の拡張など大規模な公共事業と軍備増強、公共世界からのユダヤ人排除、秘密警察やナチス突撃隊・親衛隊など暴力装置の拡張などによってドイツ人失業者は減少し、ドイツの経済は上向きに転じました。しかしそれは、ユダヤ人の公民権剥奪や収容所への収監、ユダヤ系の企業や商店の没収（いわゆる〈アーリア化〉）、非ナチス系の政党や労働組合など諸団体の禁止、言論・出版・集会への抑圧などの激しい人権侵害を踏み台にしたものでした。

　教会政策としては国家特別委員（アウグスト・イェーガー）に次いで1935年、教会問題担当相（ハンス・ケルル）が教会の締めつけとナチ国家への編入を図って、官製の帝国教会委員会を設置し、ドイツ的キリスト者系、中間派、告白教会を招きます。しかしそのもくろみは告白教会側からの拒否によって失敗に終わりました。

告白教会のナチス批判　平和祈禱礼拝の計画

　告白教会は、1936年5月、ユダヤ系の弁護士フリードリヒ・ヴァイスラーらよって起草された長文の「建白書」をヒトラーに提出して、キリスト教への弾圧に抗議するとともに、不正選挙、強制収容所の存在、

秘密警察の違法行為、ヒトラー崇拝、アーリア（ゲルマン）人種の賛美、反ユダヤ主義を中心とするナチス世界観を批判し、隣人愛というキリスト教の戒めを対置しました。それはバルメン宣言の具体的展開でもありました。

　スイスに帰国していた神学者バルトは、この建白書についての新聞報道に接して、非常に喜びました。まさに告白教会は「単に教会自身の存在や活動の妨害に関して抗議するにとどまらず、それを超えて、第三帝国の中で体系化された、法＝権利と人間性との全面的な破壊に対抗して明確なキリスト教的告白を行った」からです。だが、この建白書に対するナチス当局による報復的な弾圧の嵐も激しいものでした。ヴァイスラーは逮捕され、翌年にザクセンハウゼン強制収容所で殺害されています。

　ヒトラーは脅迫的外交政策を推進し、1933年10月に国際連盟脱退、36年3月にラインラント非武装地帯へのドイツ国防軍の進駐、38年3月にはヒトラーの祖国オーストリアのドイツへの併合に成功しました。彼は38年9月にはチェコスロヴァキアに対してドイツ系住民の多いズデーテン地方の割譲を要求しましたので、チェコを支援する英仏との戦争勃発の危機が迫りました。そこで告白教会は、戦争防止のために平和祈祷礼拝を計画し、ドイツ民族と教会との罪責告白を含む平和祈祷礼拝式文を全国の教会に送付します。

　しかし、急に開かれた独伊英仏四か国首脳（ヒトラー、ムッソリーニ、チェンバレン、ダラディエ）のミュンヘン会談でチェコ自身の意志を無視してズデーテンのドイツへの割譲が協定され、戦争の勃発が食い止められました。その結果、告白教会の平和祈祷礼拝は中止されましたが、ナチス当局による告白教会指導部への逮捕と弾圧が吹き荒れました。

第二次世界大戦と教会の対応

　1939年9月1日、ついにナチス・ドイツ軍はポーランドへの侵攻を開始し、ポーランドを支援する英仏との間に第二次世界大戦が始まります。翌40年9月、日独伊三国同盟の締結、41年6月にドイツ軍のソ連への侵攻、同年12月8日に日米間に太平洋戦争の開戦、それに伴う

独米開戦により戦火は世界に広まりました。

告白教会は第二次世界大戦において戦争そのものには反対しませんでしたが、戦意高揚には巻き込まれず、聖書の福音宣教を基調とする冷静で慎重な姿勢を貫きました。それが第一次世界大戦に熱狂した教会の姿勢との違いです。ま

テオフィール・ヴルム監督を訪問した
賀川豊彦 1950 年 4 月 10 日

た、戦争に乗じてのナチス政権による人権侵害に対しては、教会指導者を中心に抗議と抵抗が続けられました。古プロイセン合同告白教会は、1943 年 10 月の総会で採択した「第五戒〔殺すなかれ〕の解釈」において、異民族や障がい者の殺害を非難し、ドイツ民族と教会との罪責を告白しています。

ルター派のヴュルテンベルク領邦教会のヴルム監督もたびたびヒトラーやナチス幹部に抗議書簡を送り届けました。1943 年 7 月 16 日のヒトラー宛の書簡では、「ドイツの支配圏において多くの男女が迫害と抹殺の対象となっています。……ドイツ管理下の非アーリア人〔ユダヤ人〕に対する排除の措置は人間存在と人間の尊厳という神から与えられた根源的権利を侵すものであります」と力説しました。そこには暴政に対する非暴力抵抗と、普遍的な人権尊重の基本姿勢とが示されています。この書簡の写しを受け取ったフライブルクのカトリック大司教コンラート・グレーバーは「キリストにあって一つ」とヴルム監督に謝意を表明しました。

ドイツ・プロテスタンティズムの伝統では絶対平和主義や兵役拒否の思想は、正当なものとはみなされませんでした。しかし、第二次世界大戦下では初めて兵役を拒否する者が告白教会の信徒の中から現れました。一人は、国際友和会 (International Fellowship of Reconciliation=IFOR) のドイツ支部総幹事ヘルマン・シュテールです。帝国戦時裁判所は彼に死刑の判決を下し、処刑は 1940 年 6 月に執行されました。も

う一人の兵役忌避者は、ルター派領邦教会の顧問弁護士マルティン・ガウガーです。彼はオランダに逃亡しましたが、ナチスの武装親衛隊に捕らわれ、拷問を受け、1941 年 7 月に殺害されました。

　戦後の西ドイツ憲法であるドイツ連邦共和国基本法は、その第 12a 条で良心的兵役拒否の権利を代替福祉義務とセットにして立法化しました。それは東西ドイツ再統一後も継承されています。ナチス治下で兵役拒否を実行して死んだ人は、イエス・キリストの示した〈一粒の麦〉（ヨハネ 12：24-25）となったのです。

ナチス安楽死作戦への抵抗

　ヒトラーはすでに 1920 年代に著した『わが闘争』の中で、当時流行していた優生学を信奉し、「生きるに値しない者」には不妊手術（断種）を施すべきであると主張していました。それを実行に移したナチス政権は、1933 年 7 月に制定した遺伝病子孫予防法に基づいて、翌年から遺伝病とみなされた障がい者や精神病患者への不妊手術（断種）を強制し始めます。その犠牲者はドイツ敗戦までに合計約 40 万人に上りました。福音主義教会の福祉事業体＝内国伝道（Innere Mission ＝ Diakonie）では、1930 年代から同意に基づく断種のみを容認する傾向が強まっていましたが、ナチス国家の強制断種政策にも順応してしまい、多くの系列病院から少なからぬ断種被害者を出してしまいました。たとえば内国伝道最大の総合医療福祉施設ベーテル（Bethel）では入所者約 3000 人のうち約 1000 人が不妊手術を施されています。

フリードリヒ・フォン・ボーデルシュヴィンク牧師（1877–1946）福祉施設ベーテル施設長〔ドイツ 1996 年発行の切手〕

　次いで第二次世界大戦開戦の 1939 年 9 月 1 日付でヒトラーは秘密の〈安楽死命令〉（T4）を発しました。障がい者と精神病患者の約 20 万人が全国の安楽死施設（ハダマル、グラーフェネック、ハルトハイム、ブランデンブルク、ベルンブルク、ソネンシュタイン）で毒ガスなどによって殺害されました。内国伝道の諸施設からも多くの犠牲者

が出ましたが、それなりの抵抗も行われました。内国伝道中央委員会副議長パウル・ゲアハルト・ブラウネ牧師（障がい者施設＝希望の谷施設長）は、1940年7月9日、ヒトラー宛に「建白書」を提出して、「生きるに値しない生命の抹殺措置」の即時中止を要請しました。内国伝道福祉施設ベーテルは、施設長ボーデルシュヴィンク牧師を中心に安楽死命令の実施を拒否し、安楽死作戦の最高責任者の一人カール・ブラント医師との直接交渉による説得を重ねます。その結果、ベーテルは入所者約3000人のうち約100人の犠牲者を出しましたが、他の大部分の患者を守ることに成功しました。

ユダヤ人迫害への対応　ヒトラー暗殺計画　教会の殉教者たち

　ナチスのユダヤ人迫害と大虐殺に対する教会の備えは、まったく不十分でした。その原因としては、古代教会時代から続く宗教的反ユダヤ主義という偏見や、宗教改革者ルター自身の残したユダヤ人非難の文書「ユダヤ人と彼らの虚偽について」の影響も潜在しました。ナチスは、障がい者の安楽死作戦で使用した毒ガスをユダヤ人の大量虐殺に転用し、アウシュヴィッツなどいくつかの絶滅収容所で約600万人を殺害しました。

　プロテスタント側のささやかなユダヤ人救援活動としては、告白教会の委託によるグリューバー事務所（Büro Grüber. 1936-1940に活動）がベルリンに本部を、またドイツ全国に支部を置いて約1600人のユダヤ人キリスト者の海外移住を可能にしました。その代表指導者のハインリヒ・グリューバー牧師と女性協力者カテリーナ・シュターリッツ副牧師は強制収容所に投獄されました。

　1944年7月20日に起きたヒトラー暗殺未遂事件に、教会は関与しませんでした。その陰謀組織に個人として参加した神学者ディ

ハインリヒ・グリューバー
牧師（1891-1975）

ートリヒ・ボンヘッファーは、早くからナチズム下のユダヤ人問題の重要性を察知していましたが、1934年にユダヤ人迫害への教会的抵抗として、① 言論による批判（見張り役）、② 被害者の救援（治療・介抱）、③ 実力抵抗（教会会議による決定を要す）という三段階を構想しています。もともと彼は告白教会にこうした抵抗活動全部の実行を期待したのでしょう。しかし、それが満たされないと判断したボンヘッファーは、第三段階の一つである暴君殺害の罪を自らに引き受けることを決意したのです。国防軍の一部も巻き込んだヒトラー暗殺計画（1944年7月20日事件＝ワルキューレ作戦）は失敗に終わり、すでに別件で逮捕されていたボンヘッファーは、ドイツ敗戦の1か月前、1945年4月9日にフロッセンビュルク強制収容所で処刑されました。しかし「世のために存在する教会」を構想した彼の著作、思想と行動は、戦後の特に第三世界のキリスト教に強い影響を与え続けています。

　ヒトラーの教会政策の最終目標はキリスト教会の絶滅でした。ナチ党幹部の宣伝大臣ヨーゼフ・ゲッベルス、親衛隊長官ハインリヒ・ヒムラー、ナチ党官房長官マルティン・ボルマンらも教会への締めつけを強化しました。ドイツ敗戦までに2000人以上の牧師・信徒が逮捕され、100人以上が殉教しました。しかし戦時下の教会生活はかえって活性化し、献金も倍増したそうです。ヴルム監督は〈教会統一事業団〉によって告白教会をまとめる努力を重ねました。1945年4月30日にヒトラーは自殺し、5月8日にドイツは敗戦を迎え、ナチス第三帝国は崩壊しました。

シュトゥットガルト罪責宣言と戦後の歩み

　戦後まもなく新たに出発したドイツ福音主義教会（Evangelische Kirche in Deutschland = EKD）理事会（ヴルム議長、副議長ニーメラー、理事オットー・ディベリウス、アスムッセン、グスタフ・ハイネマンら）は、敗戦半年後の1945年10月19日、来訪した世界教会協議会（WCC）の欧米代表者たちを前にして、「シュトゥットガルト罪責宣言」を発表しました。そこでは、教会は「私たちによって多くの民族と

諸国の上に果てしない苦難がもたらされたこと」を謝罪し、「もっと勇敢に告白しなかったこと、もっと忠実に祈らなかったこと、もっと喜ばしく信じなかったこと、もっと熱烈に愛さなかったこと」を告白し、再生への決意を表明しました。戦後、組織としての告白教会は終幕を迎えましたが、その精神的遺産を受け継いだ兄弟評議会は47年8月に「ダルムシュタット宣言」を発表して、教会も陥ったドイツ民族至上

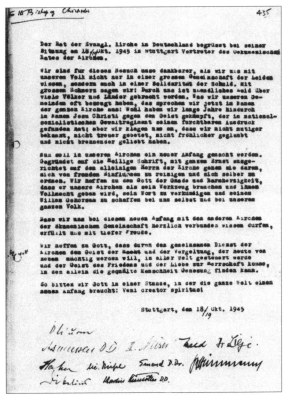

「シュトゥットガルト罪責宣言」
ドイツ福音主義教会理事会 1945年10月19日
理事たちの署名入り

主義の過ちを悔い改め、東西冷戦への一方的欧米加担を戒めました。そこにはユダヤ人迫害の問題についての言及はありませんでしたが、それでもこれら二つの罪責宣言は、福音主義教会だけでなく、ドイツ全体の再生のために一つの精神的基礎を与えたといえるでしょう。

　敗戦後のドイツは連合国の米英仏ソ連の四か国に直接占領され、ソ連占領地区内の首都ベルリンも同様に分割占領されました。東部のダンチヒやシュレジエンはポーランドに編入され、東プロイセンはポーランドとソ連に分割編入されました。

　その4年後の1949年、ドイツは東西に分裂して、東はドイツ民主共

和国、西はドイツ連邦共和国として独立します。ナチズム支配と侵略戦争への反省から西ドイツは、憲法のドイツ連邦共和国基本法の第1条に、人間の尊厳と人権との不可侵性を規定し、その第12a条に良心的兵役拒否の権利を創設しました。

　ユダヤ人迫害への反省としては、1950年のベルリン・ヴァイセンゼーでのドイツ福音主義教会総会で「イスラエルに対する罪責の言葉」を発表し、はじめて宗教的反ユダヤ主義を克服する決意が宣言されました。東西に分かれたプロテスタント教会は連携を継続し、特に西ドイツの福音主義教会は、自由教会となった東ドイツの教会を財政的・精神的に支援し続けました。

　1985年3月には第二次世界大戦の終結40周年にあたり、東西ドイツのプロテスタント教会は共同宣言「平和への言葉」を発表して、1945年のシュトゥットガルト罪責宣言の内容を実行しえず、東西冷戦の中で西側への一方的加担という「誤った判断に屈服してきた」として教会の歩みを反省しました。1985年5月、西ドイツの福音主義教会理事でもあるリヒャルト・フォン・ヴァイツゼッカー大統領は、有名となった国会演説でナチズムと戦争におけるドイツの罪責を総括しています（『荒れ野の40年』岩波ブックレット、1986年）。

　1980年代の後半における全ヨーロッパ規模での反核運動と、1989年11月のベルリンの壁の崩壊から翌年の西ドイツによる東ドイツの編入という形での東西ドイツの統一へと激動する無血の民主的展開の中でプロテスタント、カトリック両教会とその信徒たちが果たした影響は、決して小さくなかったといえるでしょう。

主要参考文献・資料

邦語文献・資料（著者名ＡＢＣ順）

Ｍ・ガイガー著、佐々木悟史／魚住昌良訳『ドイツ教会闘争』日本基督教団出版局、1971 年（Geiger, Max: Der deutsche Kirchenkampf 1933-1945, Zürich 1965）〔スイス人学者による簡潔なプロテスタント教会闘争史〕

河島幸夫『戦争・ナチズム・教会─現代ドイツ福音主義教会史論』新教出版社、1993/1997 年

河島幸夫『ナチスと教会──ドイツ・プロテスタントの教会闘争』創文社、2006 年／講談社、2022 年

河島幸夫『ドイツ現代史とキリスト教──ナチズムから冷戦体制へ』新教出版社、2011 年〔ナチス期のプロテスタントとカトリック、戦後の東西ドイツの教会を含む論文集〕

河島幸夫『戦争と教会──ナチズムとキリスト教』いのちのことば社、2015 年〔プロテスタント教会とナチズムの関係に焦点を合わせたわかりやすい講演の記録〕

宮田光雄編『ドイツ教会闘争の研究』創文社、1986 年〔ナチズムとプロテスタンティズムの関わりについて諸研究者による論文集〕

宮田光雄『十字架とハーケンクロイツ──反ナチ教会闘争の思想史的研究』新教出版社、2000 年〔プロテスタント教会の抵抗の諸側面、北欧諸国の反ナチ抵抗を含む〕

大澤武男『ローマ教皇とナチス』文春新書、2004 年〔ピウス 12 世に対する批判に重点を置いて、ヴァチカンとナチス・ドイツの関係を分析〕

Ｈ・Ｅ・テート著、宮田光雄／佐藤司郎／山﨑和明訳『ヒトラー政権の共犯者、犠牲者、反対者──〈第三帝国〉におけるプロテスタント神学と教会の〈内面史〉のために』創文社、2004 年（Tödt, Heinz Eduard: Komplizen, Opfer und Gegner des Hitler-regimes. Zur "inneren Geschichte" der protestantischen Theologie und Kirche im "Dritten Reich." Chr. Kaiser/ Gütersloh 1997）

洋語文献（著者名 ABC 順）

Denzler, Georg/ Fabricius, Volker: Christen und Nationalsozialisten. Darstellung und Dokumente, Neuausgabe, Frankfurt/ Main 1995〔カトリック、

プロテスタント両教会の指導層を厳しく批判し、下層聖職者や信徒の抵抗を高く評価する論評と資料紹介〕

Meier, Kurt: Kreuz und Hakenkreuz. Die evangelische Kirche im Dritten Reich, dtv München 1992〔プロテスタント教会の動向を中心に記述し、巻末にカトリックの動向も簡潔に補充〕

Steinhoff, Marc: Widerstand gegen das Dritte Reich im Raum der Katholischen Kirche, Frankfurt a. M. 1997〔カトリック教会の順応と抵抗を過不足なくまとめ、研究動向をも紹介〕

Strohm, Christoph: Die Kirchen im Dritten Reich, C. H. Beck München 2011〔プロテスタントの告白教会、カトリックの司教団やローマ教皇の動向を中心に、ナチスとの関係を手際よく考察〕

写真出典

Eberhard Röhm/ Jörg Thierfelder, Evangelische Kirche zwischen Kreuz und Hakenkreuz, 2. Aufl. Stuttgart 1982, S. 152

Eike Endraß, Gemeinsam gegen Hitler, Stuttgart 2007

Rundschreiben Seiner Heiligkeit Pius XI. vom 14.März 1937: Über die Lage der Katholischen Kirche im Deutschen Reich, S.1

Alphons Maria Rathgeber, Pastor Angelicus. Ein Lebensbild des Papstes Pius XII . Kempten in Allgäu 1960

Susanne M. Batzdorff, Edith Stein—meine Tante: das jüdische Erbe einer katholischen Heiligen, Würzburg 2000

Theophil Wurm, Erinnerungen aus meinem Leben, Stuttgart 1953, S.209f

視聴覚資料

テレビ番組「ローマ教皇とヒトラー：ピウス 12 世秘密のファイル」ウルズラ・プルラ編　NHK BS 2021 年 4 月 29 日（The Pope and Hitler: Opening the Secret Files on Pius XII, Looks Film & TV Produktionen, Germany 2020）〔ヴァチカン資料館の最新開示資料に基づくドキュメンタリー。ミュンスター大学のフーベルト・ヴォルフ教授のコメントが興味深い〕

あとがき

　本書のうち、ハンス・マイアーの講演「ナチス第三帝国へのキリスト教的抵抗」の部分は、Hans Maier, Christlicher Widerstand im Dritten Reich, Reihe Akademiebibliothek, Bd.12, Katholische Akademie, Hamburg 1994 の全訳です。原書はわずか 26 頁の小冊子ですが、1994 年 7 月 11 日にハンブルクのカトリック・アカデミーで行われた講演を基にしています。この講演はまず週刊雑誌"Rheinischer Merkur"（ライン評論 Wochenzeitung für Politik, Wirtschaft, Kultur. Christ und Welt, Bonn 1994）に原注なしで掲載されました。その末尾には、第二次世界大戦以後のドイツにおける政党形成、中でもキリスト教民主同盟（CDU）とキリスト教社会同盟（CSU）の結成に際して、反ナチスのキリスト教的抵抗が影響を与えたことが、付け加えられていましたが、のちに発行された単行本の小冊子（本邦訳）では省略されています。

　私がこの小冊子にはじめて触れたのは、1997 年ごろです。私は以前から「ドイツの政治と宗教」を研究テーマとし、特に「ナチズムとキリスト教」の関係の研究に重点を置いてきました。その場合の最初の関心領域はもっぱらプロテスタンティズムと政治の関わりでした。それゆえ 1990 年代には主著である『戦争・ナチズム・教会——ドイツ福音主義教会史論』（新教出版社、1993 年。3 刷、1997 年）の刊行を終えて、それ以後の研究計画を思案していたのです。

　そこで気になってきたのが、「カトリック教会と政治」という問題領域です。というのは、「ドイツの政治と宗教の関係」をより深く理解するためには、プロテスタンティズム研究だけでは不十分であって、カトリシズムのことも調べる必要があると思われたからです。特に第二次世界大戦終了までのドイツでは全人口の約 3 分の 2 がプロテスタント信徒、約 3 分の 1 がカトリック教徒でした。カトリック教徒は少数派でしたが、団結心が強く、政治や社会の面でも少なからぬ影響力を持っていました。

そこで私は、いよいよ1990年代終わりごろから「ナチズムとカトリック教会」の関係についても研究を始めたのです。

　そうしたときに目に入ったものの一つが、ハンス・マイアーによる本講演でした。この講演の原題を直訳すれば、「第三帝国におけるキリスト教的抵抗」となります。本講演は、プロテスタントとカトリックという両宗派のキリスト教による反ナチ抵抗の問題を概観したもので、詳細で包括的な論文というわけではありません。しかし、《抵抗》という概念の内容についても必要最小限は説明したうえで、プロテスタントとカトリックの抵抗を位置づけて、両者を比較しながら、わかりやすく解説している点で、本講演の内容は、ナチス・ドイツ＝第三帝国に対するキリスト教の両教会による《キリスト教的抵抗》の全体像を理解するためにたいへん有益です。

　また、従来の先行研究の中には、「ナチズムに抵抗したのは個々のキリスト者であって、組織としての教会は抵抗しなかった」という見解を主張する者もけっこう見受けられます。これに対してハンス・マイアーは、教会がイニシャチヴをとった抵抗を検証した資料集、諸論文、単行本を精査したうえで、そうした主張を退けています。とはいえ、彼もまた、教会の抵抗が十分ではなかった点を認めるにやぶさかではありません。すなわち、「ナチス第三帝国におけるキリスト教的抵抗は、全体として教会の決起とはならず、むしろ個々のキリスト者たちの決起にとどまりました」。しかも、「キリスト教的な諸個人は、その勇気と決断において、彼らの教会をはるかに凌駕していました」と評価しています。また、ナチズムに対するカトリック教会の防衛線は、プロテスタントのルター派の領邦教会（いわゆる《無傷の教会》）の抵抗路線と類似している、と彼が指摘しているのも興味深いところです。

　ところで、日本における「ナチズムとキリスト教」に関する先行研究、つまり「ドイツ教会闘争」研究は、特に単行本としては、訳本を含めてプロテスタント教会を扱ったものが圧倒的に多く、残念ながら、カトリック教会を扱ったものはいまだにほとんどないと言ってもよい状態です。それに対して本講演は、はじめてカトリック教徒の学者がプロテスタン

トとカトリックの双方を簡潔に分析するという特徴を持っています。この点は特に本書のユニークさを示すものといえるでしょう。

　さて、私がハンス・マイアーの名前を知ったのは、1960 年代にさかのぼります。そのころ、彼の初期の著書、Revolution und Kirche. Studien zur Frühgeschichte der christlichen Demokratie, Freiburg i. Br. 1959; 5. neubearb. u. erw. Aufl., Herder, 1988（『革命と教会─初期キリスト教民主主義研究』初版、フライブルク、1959 年。増補第 5 版、ヘルダー出版社、1988 年。邦訳なし）が世に出て、版を重ねていました。それに続く彼の研究業績はまことに膨大であって、その研究分野もまた、政治学、哲学、思想史、国制史、文化史にまたがります。こうした広範で多彩な働きを内面的に特徴づけるものが、彼の開かれた学問的姿勢と敬虔なカトリック信仰との総合です。

　そこで私自身、政治学徒として、政治と宗教の関係、中でも私にとって近年の新しい課題である「ドイツ政治とカトリシズム」の関係を研究するには、実際にハンス・マイアー教授のもとで研究してみたいと思うようになり、彼にその願いを郵便で伝えたのが 1990 年代のことです。幸い彼から快諾の返事をいただいたのですが、肝心のマイアー教授自身（1931年6月18日生まれ）が、ミュンヘン大学の政治学教授職だけでなく、バイエルン州の文教大臣を兼務し、さらにミュンヘン大学のキリスト教世界観・宗教文化論教授を歴任して、1999 年に定年を迎えました。

　そのために私は、マイアー教授の推薦で、2006 年 4 月から 9 月までの半年間、ミュンヘン大学のハンス・ギュンター・ホッケルツ教授（ドイツ現代史）のもとで、「ナチス時代のミュンヘン大司教ミヒャエル・フォン・ファウルハーバーを中心とするドイツ政治史とカトリシズム」という研究テーマに取り組みました。このあたりの状況については、次の拙論を参照いただければ幸いです。

　　Mein zeitgeschichtlicher Forschungsweg vom Protestantismus
　　　zum Katholizismus in Deutschland（『西南学院大学法学論集』第
　　　39 巻 3 号、2006 年 11 月）
　　「ドイツ政治史とキリスト教──西南での研究と教育の 40 年」（同誌、

第44巻3・4合併号、2012年3月)

　その半年間のミュンヘン滞在中には、しばしば研究上の事柄について
マイアー教授と歓談する機会を与えられ、彼の深く広い学識と豊かな教
養、温厚な人柄に接することができました。その期間中に私たち夫婦が
教授ご夫妻から受けたご厚情にも深く感謝しています。本邦訳の申し出
についても、たいへん喜んで、すぐOKの返事をしてくださいました。
特に私のミュンヘン滞在中、2006年6月17日には「ハンス・マイア
ー教授75歳祝賀記念シンポジウム・音楽会」がミュンヘン大学で開催
されました（その内容記録は下記の Christ und Zeit に収録）。世界各
地から集まった研究者や音楽家たちとともに、この記念すべき催しに参
加できたことは、私にとって何よりも印象深い思い出となっています。
本邦訳は、以上のようなマイアー教授の学恩に対する私のささやかな感
謝の印であるとともに、西南学院大学からの派遣によるミュンヘンでの
在外研究の成果の一つでもあります。

　なお、ハンス・マイアー教授の著書・論文を中心とする研究業績はあ
まりに多いので、以下には、とりあえず著作目録、業績案内（75歳祝
賀記念シンポジウム記録）、著作集、最近の著作、そして日本人による
邦訳書と一つのインタビュー報告を紹介するにとどめます。

Hans Maier: Bibliographie 1950–1990, hg. v. Gertraud Jonas/
　Angelika Mooser, Herder, Freiburg i. Br. 1991
Hans Maier zum 75. Geburtstag. Christ und Zeit, hg. v. Hans
　Otto Seitschek, Akademischer Verlag, München 2007
Hans Maier, Gesammelte Schriften, C. H. Beck, München 2010
　Bd. 1: Revolution und Kirche
　Bd. 2: Politische Religionen
　Bd. 3: Kultur und Politik
　Bd. 4: Die ältere deutsche Staats- und Verwaltungslehre
　Bd. 5: Die Deutschen und ihre Geschichte
Hans Maier, Deutschland. Wegmarken seiner Geschichte, C. H.

Beck, München 2021

ハンス・マイアー著、桜井健吾訳「フランス革命とカトリック教徒」
南山大学社会倫理研究所編『社会と倫理』第6号、1999年2月
(Die Französische Revolution und die Katholiken, Kirche und
Gesellschaft, Nr. 161, Köln 1989. これは Revolution und Kir-
che, 5. Aufl., Freiburg i. Br. 1988 の要約版である)

ハンス・マイアー著、野村美紀子訳『西暦はどのようにして生まれた
のか』教文館、1999年 (Hans Maier, Die christliche Zeitrech-
nung, Herder, Freiburg i. Br. 1991)

ハンス・マイアー著、森田明編訳『基本的人権論』信山社、2002年
(Hans Maier, Die Grundrechte des Menschen im modernen
Staat, A. Fromm, Osnabrück 1973; Nach dem Sozialismus.
Eine neue Ethik des Sozialen, in: Neue Hefte für Philosophie,
H. 34, 1993)

Hajime KONNO, Gespräch mit Hans Maier (ハンス・マイアーと
のインタビュー) 愛知県立大学大学院国際文化研究科論集、第20
号、2019年3月 (末尾に今野元氏による日本語の要約が付けられ
ていて、その中にナチス治下でマイアー少年が強制的にヒトラー・
ユーゲントに入団させられたり、カトリックによる消極的抵抗に加
わったりしたことなど、ナチス時代の想い出も含まれている)

　ハンス・マイアー教授のさらなる文献紹介については、次のインタ
ーネット情報を参照：http: // www. hhmaier.de/

　前述の拙著『戦争・ナチズム・教会』刊行以後、私自身が「ナチズム
とキリスト教」に関して著した著作は次のとおりです。本邦訳にあわせ
てご参照いただければ幸いです。

「ピウス11世回勅『深き憂慮に満たされて』——翻訳と解説」『西南
学院大学法学論集』第33巻1・2・3合併号、2001年2月

「年譜・ドイツ政治史とカトリシズム」同誌、第 34 巻 4 号、2002 年
　3 月

『政治と信仰の間で──ドイツ近現代史とキリスト教』創言社、2005年

『ナチスと教会──ドイツ・プロテスタントの教会闘争』創文社、
　2006 年／講談社、2022 年

「母体保護法のナチス的系譜？」『西南学院大学法学論集』第 38 巻 3・
　4 合併号、2006 年 2 月

「ナチズムにおける人間改良計画──〈レーベンスボルン〉（生命の
　泉）を中心に」山崎喜代子編『生命の倫理』第 2 巻（優生学の時
　代を越えて）、九州大学出版会、2008 年

『ドイツ現代史とキリスト教──ナチズムから冷戦体制へ』新教出版
　社、2011 年（収録論文：「ナチスの政権掌握とカトリック教会」
　「バルメン宣言とその先駆け」「回勅『深き憂慮に満たされて』の背
　景とその意義」「ナチス優生政策とキリスト教会」「キリスト教民主
　同盟・社会同盟」「戦後ドイツの教会と平和問題」）

「ナチス優生政策と日本への影響──遺伝病子孫予防法から国民優生
　法へ」山崎喜代子編『生命の倫理』第 3 巻（優生政策の系譜）九
　州大学出版会、2013 年

"Eugenic Thought of Abe Isoo, Social Reformer in Japan," in:
　Karen J. Schaffner ed., Eugenics in Japan, Kyushu University
　Press, Fukuoka 2014

"Nazi Sterilization Law and Japan," in: ibid.

「日本の社会運動家・安部磯雄の優生思想」『四国学院大学論集』第
　145 号、2015 年 1 月

「ナチス断種法と日本」『四国学院大学論集』第 146 号、2015 年 3 月

『戦争と教会──ナチズムとキリスト教』いのちのことば社、2015 年

「賀川豊彦のドイツ紀行──ドイツ現代史研究の視点から」『雲の柱』
　第 31 号、賀川豊彦記念松沢資料館、2017 年 3 月

「賀川豊彦の優生思想と〈弱者の権利〉論」同、第 33 号、2019 年 3
　月

あとがき

「賀川豊彦の優生関係文献目録と略解」同、第 35 号、2021 年 3 月

　本書の刊行は、本来もっと早く実現すべきでしたが、思いがけず 2006 年の晩秋に交通事故で車にはねられ、約 1 か月の入院治療を余儀なくされました。さらには近年の老化による体力低下にコロナ禍もあいまって、すべての計画が大幅に遅れてしまいました。そのことをおわびするとともに、二十数年にわたるマイアー教授の学恩に、あらためて深く感謝申し上げ、90 歳を超えられた教授ご夫妻の長寿とご健勝を祈念申し上げたいと思います。

　ついでながら私の大学生時代以来の「ナチズムとプロテスタント」研究をご指導くださっている東北大学の恩師・宮田光雄先生、次いで大学院生時代に「ドイツ政治とカトリック」研究の重要性を指摘してくださった神戸大学の恩師・故西川知一先生をはじめとして、80 年以上に及ぶ人生航路の中で人間的にも学問的にも多くの教示を与えてくださった諸先生、友人、知人、50 年近く続いた福岡での読書会の皆様にお礼を申し上げ、日常生活を支えてくれた家族にも感謝する次第です。本書の表紙絵を担当された画家の藤本四郎氏にも感謝いたします。彼は小学生のころ、私を日本キリスト教団小野教会に誘った信仰の恩人でもあります。また、出版を引き受けられた、いのちのことば社出版部・長沢俊夫氏は、久しぶりに翻訳書の作成に苦闘する訳者の拙稿に、編集者と読者としての立場から有益な指摘やコメントを与えてくださいました。心から感謝申し上げる次第です。

　　2024 年 1 月　　福岡にて

河島幸夫

ハンス・マイアー（Hans Maier）
1931 年、フライブルクに生まれる。ミュンヘン大学政治学教授（ショル兄妹政治学研究所）、バイエルン州の文教大臣、ミュンヘン大学キリスト教世界観・宗教文化論教授等を歴任。
著書『西暦はどのようにして生まれたのか』（野村美紀子訳、教文館）、『基本的人権論』（森田明編訳、信山社）、「フランス革命とカトリック教徒」（桜井健吾訳、南山大学社会倫理研究所編『社会と倫理』第 6 号）

河島幸夫（かわしま さちお）
1942 年、兵庫県小野市に生まれる。東北大学法学部、神戸大学大学院、ハイデルベルク大学に学ぶ。
博士（法学・東北大学）。西南学院大学名誉教授（政治学）。
著書『戦争・ナチズム・教会』（新教出版社）、『政治と信仰の間で——ドイツ近現代史とキリスト教』（創言社）、『ナチスと教会』（創文社）、『ドイツ現代史とキリスト教——ナチズムから冷戦体制へ』（新教出版社）、『賀川豊彦の生涯と思想』『賀川豊彦と太平洋戦争』（中川書店）

ナチス第三帝国へのキリスト教的抵抗
——カトリックとプロテスタント——

2024 年 5 月 3 日発行

著　者　　ハンス・マイアー
編訳者　　河 島 幸 夫
印刷製本　いのちのことば社印刷部
発　行　　いのちのことば社

〒 164-0001 東京都中野区中野 2-1-5
TEL.03-5341-6922（編集）
　　　03-5341-6920（営業）
FAX.03-5341-6921
e-mail: support@wlpm.or.jp
http://www.wlpm.or.jp/

Japanese translation and edition© Sachio Kawashima 2024
Printed in Japan
乱丁落丁はお取り替えします
ISBN978-4-264-04491-8